LE LIVRE DE

L'ATLANTIDE

MICHEL MANZI

PRÉFACE DE FRANCIS DE MIOMANDRE

1922

Copyright © 2022 by Culturea
Édition : Culturea 34980 (Hérault)
Impression : BOD - In de Tarpen 42, Norderstedt (Allemagne)
ISBN : 9782385089030
Dépôt légal : Novembre 2022

PRÉFACE

Les personnes qui ne connaissent de Michel Manzi que les deux œuvres jusqu'ici parues de lui, c'est-à-dire : L'Académie Renaudin *et* Raba ou l'ambition, *seront quelque peu surprises en lisant ce livre, car il leur faudra ajouter bien des traits, et des traits tout à fait inattendus, à la figure littéraire qu'ils s'étaient construite d'après les données fournies par ces deux premiers ouvrages.*

Il y apparaît en effet comme un savant très averti mais fort sceptique, comme un connaisseur un peu désenchanté de nos mœurs et de notre vie sociale, comme un humoriste en un mot, mais un humoriste d'une qualité supérieure, ne faisant porter ses ironies que sur des êtres et des choses dent le vulgaire ne soupçonne pas même le comique.

Ce sont des œuvres c1'humaniste, d'un humaniste plus complet certes que ceux de la Renaissance, d'un humaniste touché par tous les doutes et enrichi par toutes les acquisitions de la culture contemporaine, un humaniste épris de mathématiques, de biologie, d'astronomie, d'histoire, mais un humaniste tout de même, c'est-à-dire un homme pour qui un certain sourire philosophique doit demeurer la conclusion finale de tout travail et de toute pensée, un homme détaché et quelque peu agnostique.

La publication du Livre de l'Atlantide *nous invite à modifier cette opinion, ou plutôt à la compléter. Car nous nous trouvons en présence d'un travail d'une portée considérable, qui ne pouvait être conçu ni entrepris que par un puissant esprit philosophique.*

Tout le monde a plus ou moins entendu parler de l'Atlantide. Ce continent mystérieux, séjour disparu d'une race depuis des siècles éteinte, a toujours exercé sur les hommes une séduction pleine de poésie. Mais les notions que nous en avons sont restées à la fois très restreintes et très nébuleuses, faute d'être aisément accessibles. Les livres qui eussent pu nous les fournir sont assez difficiles à trouver, encore plus à interpréter, et ils ne contiennent que des fragments épars au sujet de cette passionnante question. La science moderne, en la plaçant sur le terrain exclusivement géologique, a encore diminué les chances que nous eussions eues de nous former une image complète de ce merveilleux passé. Car, si elle admet l'Atlantide en tant que continent, que masse terrestre aujourd'hui engloutie, elle demeure volontairement à l'écart de toute discussion concernant les races de ce continent et leur civilisation. Tout cela constitue pour elle autant d'hypothèses, qu'il faut reléguer dans le magasin d'accessoires des mythes de l'antiquité ; et cette opinion un peu froide, peu à peu devenue la nôtre, nous a fait pour ainsi dire reporter sur le plan des rêves tout ce que nous aurions pu apprendre au sujet de ce passé fabuleusement lointain.

Or, cette opinion ne pouvait pas satisfaire un esprit aussi scientifique, aussi curieux que celui de Michel Manzi. Il ne pouvait admettre qu'une science demeurât claquemurée dans l'étude exclusive de ses propres données, il ne la concevait qu'en fonction de toutes les autres et faisant partie d'un ensemble de connaissances dont rien ne nous autorise à mépriser les plus anciennes. Nous n'avons aucune raison de penser que les traditions immémoriales de l'humanité aient leur origine dans des époques privées de science. Notre orgueil moderne est naïf.

Le monde est d'une vieillesse presque inconcevable, et, à tout instant, l'archéologie met au jour des preuves d'une culture scientifique prodigieuse chez des peuples dont toute l'histoire reste à écrire. S'il ne nous en reste que quelques pierres et quelques livres, nous n'avons pas le droit de négliger leur témoignage, mais au contraire le devoir de chercher la clef de ces écritures secrètes, l'allégorie philosophique et historique qu'elles contiennent sous le voile de l'imagination lyrique.

Une tradition ésotérique très ancienne, présentant dans tous les pays des analogies saisissantes, a toujours tendu à expliquer dans le même sens la signification cachée de ces grands livres religieux. Bien loin d'en rire, comme ce fut la mode pendant presque tout le XIXe siècle, Michel Manzi eut l'idée de faire entrer dans la cohésion de leur synthèse toutes les données de l'investigation moderne. C'est là le mérite suprême du Livre de l'Atlantide, sa qualité la plus visible. Dès les *premières lignes, on est frappé de l'aisance avec laquelle l'auteur concilie les éléments d'information qui lui ont servi, considérant comme rigoureusement égaux et d'identique portée ceux qu'il a pris dans les ouvrages scientifiques et ceux qui lui furent légués par les livres ésotériques. Ce phénomène s'explique facilement si l'on songe que Michel Manzi travailla plus de dix années à son ouvrage. Il avait eu tout le temps de concilier toutes les contradictions de détail de ses sources, de mettre au point, de créer son atmosphère. La question de l'Atlantide lui était devenue aussi familière que les anecdotes les plus rapprochées de notre histoire contemporaine. Ayant lu tous les textes concernant le problème, non seulement il avait acquis la certitude de l'existence de ce continent, de cette race, mais encore il avait reconstruit jusqu'en ses plus petits détails le tableau de cette civilisation.*

Il a indiqué ses sources, on peut les vérifier. Ce n'était pas un homme capable de parler au hasard ni de rien inventer. Pourtant, un esprit puissamment poétique anime son œuvre : c'est celui de tous les vrais savants, de tous les révélateurs du passé. C'est celui qui fait recréer à Cuvier, d'après un os, un squelette, un animal entier. À toutes les concordances fournies par la tradition et la recherche scientifique, Michel Manzi ajoute ce je ne sais quoi qui les éclaire, les vivifie, en dresse devant nous l'éblouissant faisceau. Avec la même minutie que met l'inca Garcilaso dans ses Comentarios reales *à nous décrire la ville de Cuzco et la civilisation péruvienne, lui Manzi nous décrit Cerné, la ville aux portes d'or, et la vie qu'on y menait. Mais Garcilaso avait passé son enfance à écouter les parents de sa mère célébrer ces fastes abolis, tandis que l'écrivain moderne a dû tout recréer d'après des textes, il est vrai, passionnément scrutés. Son ouvrage est, à ma connaissance, le premier en date qui soit aussi complet sur la question de l'Atlantide. C'est, en tout cas, le seul qui harmonise toutes les données que nous en avions. Je ne crois pas qu'il en manque une seule. Je ne crois pas qu'il soit possible de douter de l'Atlantide après une telle lecture.*

Mais ce qu'il y a de plus admirable, selon moi, dans ce livre, c'est, plus encore que le travail considérable qu'il a nécessité, et l'imagination brillante qui nous

3

restitue ici la vie d'un peuple et d'un pays, c'est si je puis dire la conception métaphysique qui demeure à sa base, qui conditionne ses développements, qui maintient son ordre. Une pensée unitaire préside à sa composition, et qui transparaît pour ainsi dire à tout instant jusque dans ses descriptions les plus minutieuses : à savoir que l'histoire de l'humanité se déroule, malgré cataclysmes et déluges, sans rupture depuis le commencement des âges, adoration des mêmes symboles, soumission aux mêmes flux et reflux des forces bonnes ou mauvaises, tentatives de comprendre puis d'utiliser les mêmes énergies naturelles, pour son bonheur. À ce point de vue, les annales de l'Atlantide ressemblent étrangement aux nôtres, et si l'on pouvait reconstituer celles de la Lémurie primordiale, nous retrouverions encore les mêmes analogies. Les pages où Michel Manzi énumère et commente tout ce que nous tenons en héritage de la terre et de la civilisation atlantéennes sont parmi les plus noblement belles de ce livre. Ce sont elles qui nous donnent la plus vive impression de la pérennité de l'histoire humaine et de ses traditions, le sentiment le plus émouvant de la fraternité qui nous lie aux êtres du plus lointain passé.

Pour ma part, je suis heureux que la lecture de cet ouvrage modifie dans ce sens les idées que nous nous faisons de l'Atlantide. Même ceux d'entre nous qui y croyaient, frappés surtout par la catastrophe finale, résultat des fautes terribles commises par la race, étaient trop portés à oublier que cette décadence ne constitue relativement qu'une très faible partie de la formidable suite de siècles que remplit l'histoire d'un peuple si longtemps pur et parfait. C'est de ce dernier que nous entretient surtout Michel Manzi, c'est celui-là qui nous a tout légué, c'est de celui-là que nous tenons notre initiation dans tous les ordres de la pensée.

En terminant cette courte préface, il est essentiel que je rappelle que ce livre a été achevé voici tantôt vingt années. Cela donnera toute sa saveur à la page étonnante sur la navigation aérienne des Atlantes. Mais surtout cela fera mesurer ce qu'il y avait de précurseur dans l'esprit de Michel Manzi. Car si la diffusion des études ésotériques a incité beaucoup de personnes à s'occuper d'une question aussi *intéressante que celle de l'Atlantide, il n'en était pas de même il y a cinq lustres. Qu'on imagine l'effet de ce livre paraissant a ce moment la !*

Mais, même aujourd'hui, je suis certain de son considérable retentissement. Libre à qui voudra de ne le tenir que comme un poétique recueil de fables (et là encore il faudra rendre hommage au talent de l'écrivain) mais c'est surtout aux méditatifs qu'il plaira, aux philosophes, aux esprits tournés du côté de la vie intérieure, à tous ceux qui veulent comprendre le sens des vieux mythes éternels et saisir le mystère de la vraie généalogie humaine.

FRANCIS DE MIOMANDRE

CHAPITRE PREMIER
LES TRADITIONS

La terre subit de perpétuelles déformations. Des côtes s'abaissent, d'autres s'élèvent. L'Europe oscille, ayant pour pivot le cap Nord. Des îles naissent au milieu des mers. D'autres s'effondrent sous les eaux. Des volcans tonnent, sautent et sans cesse l'aspect physique de notre terre change et se transforme. D'ailleurs la terre n'est-elle pas comme nous un individu que l'âge modifie peu à peu ? Les siècles sont ses années, et nous, qui n'en sommes que des cellules, claquemurés dans l'étroitesse de notre observation présente, nous croyons à la stabilité géographique de ses traits parce que notre vie éphémère ne nous permet pas d'observer des évolutions à longues échéances. Puis, lorsque les traditions racontent qu'il a fallu des millions de siècles pour que tel continent sortît des eaux, nous rions, incrédules, et traitons de légende ces fameux déluges, sous le prétexte que nos aïeux ne les ont point vus ! Et cependant l'exemple du Krakatoa est proche de nous. Nous avons assisté au cataclysme de la Martinique, au réveil du Vésuve ! Mais déjà le recul des temps nous fait apparaître ces catastrophes comme moins terribles et les transmue en de simples anecdotes.

Notre monde, disent les traditions indoues, s'est transformé au cours des siècles et l'homme a assisté à ces transformations ! Car l'homme est vieux ici bas de plusieurs millions d'années !

Oui ! ce chiffre paraît fantastique à tous ceux qui ont l'habitude de concevoir le monde d'après une traduction fausse de la Bible ! Moïse, l'homme inspiré de Dieu, se serait donc trompé ! Des millions d'années ! Car l'on ne songe point qu'il a fallu à l'homme plus de temps pour sortir des ténèbres de l'animalité et obtenir du feu, que pour construire nos piles électriques modernes ! La première étincelle d'intelligence amenant un résultat pratique est la conséquence d'une évolution de millions d'années ! Mais nous, habitués à voir dans l'homme le maître de la nature, nous nous figurons trop qu'il est arrivé ici-bas avec une conformation intellectuelle et physique supérieure même à la nôtre, puisque d'après la Bible nous avons déchu ! Et l'on ne songe point que le premier langage : est le résultat d'un effort qui a demandé sans doute un temps incalculable.

Quand les savants modernes, à la suite de recherches géologiques et préhistoriques, ont proclamé à tort la fausseté : de la Bible, qu'ils n'avaient pas su interpréter, ils ont voulu dans leur orgueil rejeter les traditions et ne voler que par eux-mêmes Ils ont renié les Indous, ont prétendu les ignorer, sans se douter qu'ils bégayaient à peu près la même chose !

L'homme sort de l'animal, disent-ils, et son évolution a demandé des milliers d'années ! Winchell, Croll, Gould, Leyell, Reald, entassent des millions sur des millions, sans se douter que les Indous, dont ils se moquent, ont dit la même chose depuis bien longtemps ! Et ces mêmes hommes rient des récits de Platon, concernant l'Égypte et nient ce que l'évidence montre, c'est-à-dire que les Zodiaques égyptiens témoignent 75.000 années d'observations consécutives ! Les Égyptiens disaient que, depuis 400.000 ans, ils habitaient l'Égypte ! On a traité de fable ce dire. La mode d'il y a une cinquantaine d'années, qui consistait à n'admettre que ce que des savants officiels avaient proclamé, et à rejeter les traditions, même lorsque celles-ci concordaient avec les découvertes, avait conduit la science du préhistorique dans une route fausse. Il en était sorti des déductions qui, brodées par l'imagination, étaient de véritables contes de fées.

Cependant, de nos jours, on cherche à réagir, et Burmester et Draper viennent d'oser proclamer la vérité des dires égyptiens. Suivant leur exemple, nous allons essayer d'établir l'histoire de l'Atlantide d'après les traditions et les recherches modernes de ceux qui ont cru en Platon et n'ont point dédaigné ses récits.

Il ressort de l'ensemble des traditions antiques que plusieurs continents ont disparu de la face du monde, avant même que l'Europe, l'Asie que nous connaissons, l'Afrique, soient nées des eaux.

Il aurait primitivement existé un vaste continent au pôle Nord, le continent hyperboréen. À cette époque, le pôle Nord n'était point couvert de glaces et jouissait d'une température tropicale. La région glaciaire occupait au contraire la partie actuellement tropicale. Une contracture de la terre en aurait modifié l'aspect, en renversant les pôles. Ce renversement aurait occasionné un grand déluge. Des hommes primitifs, des géants, auraient habité avant ce cataclysme le continent hyperboréen.

Ces dires de l'a tradition sont confirmés par la découverte au Groenland et au Spitzberg, restes actuels de ce continent hyperboréen, d'une faune et d'une flore tropicales. Des mammouths y ont été retrouvés, et d'autres progéniteurs dont l'habitat actuel est dans les Indes et dans l'Afrique. La science n'a point encore retrouvé là des ossements d'hommes hyperboréens. Ce continent se serait effondré au début du tertiaire.

Au pôle sud, il y aurait eu un autre continent, appelé Lémurie. Ce continent, le deuxième des Traditions, aurait été immense. Il aurait occupé l'espace compris entre l'Amérique du Sud, l'Afrique actuelle et l'Himalaya et aurait essaimé des continents secondaires entre l'Afrique et l'Amérique dans la région Atlantique. Madagascar, l'Australie, les îles océaniennes, Java, Sumatra, Bornéo, seraient les restes de ce fameux continent. Il était habité par une race noire, aux traits grossiers, au visage bestial, dont les types Australiens actuels et certains, types Africains sont les descendants. Les Idoles des îles de Pâques et certaines constructions massives que l'on rencontre dans les îles d'Océanie sont les restes de cette civilisation lémurienne. La géologie est d'ailleurs d'accord avec la Tradition. Madagascar ne peut géologiquement en effet se rattacher à l'Afrique, puis la présence dans cette île du Diornix, oiseau monstrueux ne pouvant voler et appartenant aux terres australiennes démontre assez qu'il y a eu, à un moment donné, un vaste continent occupant l'Océan Indien, où des formes ont évolué du reptile à l'oiseau et du reptile au mammifère par la classe des marsupiaux. Madagascar se rattache donc à l'Océanie par la flore, par la faune, par le terrain. La Lémurie s'effondra dans les eaux, ne laissant comme vestige que quelques îles et l'Australie, pendant que se développait dans l'Océan Atlantique, le troisième continent ou Atlantide. L'effondrement de la Lémurie a sans doute été dû aussi au renversement des pôles. En effet, le pôle Sud, où subsistaient les restes d'un continent primitif recouvert de glaces, était fort surélevé, tandis que le pôle Nord était occupé par une vaste mer recouvrant le continent hyperboréen englouti et la partie Nord de l'Amérique actuelle, de l'Europe et de l'Asie. Le pôle Nord s'éleva brusquement de 23 degrés, donnant naissance aux terres boréennes, d'où partirent les hommes blancs. Tandis que le pôle Sud s'abaissait de 23 degrés. Un déluge fut la conséquence de ce phénomène physique et la Lémurie fut engloutie par la masse des eaux provenant du Nord.

Bref, l'Atlantide survécut à ce déluge, en partie du moins. Les Traditions concernant ce troisième continent sont nombreuses et plus précises. Cela tient à ce que la disparition de Poséidonis est relativement récente et se place au seuil des époques historiques. En effet, les Égyptiens, les Indous, les livres Mayas, sont d'accord pour localiser la disparition totale de l'Atlantide en l'an 9564 avant J-C. Puis beaucoup de peuples de l'antiquité se prétendaient issus de ces fameux Atlantes et donnaient comme preuves la teinte rougeâtre de leur visage. Témoins les Égyptiens, qui s'appelaient les hommes rouges. Somme toute, la tradition de tous les pays relate un continent appelé Atlantide et situé à la place de l'Océan Atlantique et la présence sur ce continent de deux races, l'une rouge brun, l'autre olive ou brun cuivre.

Donc, bien avant la découverte de l'Amérique, et aussi loin que l'on puisse remonter dans l'histoire de l'antiquité, l'on trouve l'assurance qu'il existait ou qu'il avait existé une race d'hommes rouges. Cette race rouge n'était point celle : que Colomb révéla, car s'il y avait eu des relations dans l'Antiquité entre l'Amérique, et l'Europe pour amener la connaissance de ce fait, ces relations auraient été suivies, entretenues et la découverte de Colomb n'aurait point été nécessaire. Puis, il est à remarquer que toutes ces traditions convergent pour affirmer que la race rouge avait disparu dans le déluge avec le continent qui était son berceau et qu'elle ne subsistait plus qu'à l'état d'îlots au milieu des peuples noirs et blancs. Cette race rouge avait été la race des maîtres, la race des dieux et voilà pourquoi pendant longtemps, en Égypte, dans les Indes, en Chaldée, les rois, les empereurs, étaient choisis parmi les descendants de ces hommes rouges, de ces fils du soleil, qui avaient donné au monde la science. Et voilà pourquoi aussi, plus tard, lorsqu'il n'y eu plus de dynasties rouges, celles-ci s'étant éteintes par suite de croisements et surtout d'épuisement, les rois, les empereurs prirent comme couleur la pourpre, emblème rappelant qu'ils tenaient leur pouvoir des Rouges, fils du soleil et des Dieux.

Les bas-reliefs égyptiens racontent qu'il y avait ici-bas quatre races d'hommes : les rouges, les jaunes, les noirs et les blancs. Ils s'appelaient eux-mêmes les Rouges. Dans les Indes, les fameux Rutas, qui passent pour avoir civilisé le monde, sont également représentés comme des hommes rouges. Les Étrusques, les Ibères, les Basques revendiquaient aussi cette couleur et en Chaldée, en Arabie, diverses peuplades se prétendaient issues des fils d'Ad, l'homme rouge. Adam veut d'ailleurs dire : homme rouge, ce qui a donné lieu à cette comique interprétation d'un de nos savants modernes : que le premier couple devait avoir les cheveux roux ! Les Arabes se disent aussi issus des fils d'Ad, la grande race antédiluvienne, la race des géants aux constructions monstrueuses ! Bref, cette croyance générale de l'Antiquité en l'existence d'une race rouge, engloutie, et ne subsistant plus qu'à l'état d'ilots, repose sur une base certaine, une assise de faits qui ne peut être aucunement le résultat de relations avec l'Amérique. Que les Anciens aient connu l'Amérique, c'est fort possible, car le détroit de Behring a été un pont naturel dont les émigrations mongoles et boréennes ont su profiter, mais pour eux l'Amérique n'était qu'un prolongement de l'Asie, où subsistaient des peuplades rouges échappées au déluge. Donc, il est un fait certain d'après les traditions, c'est que l'Atlantide était peuplée d'hommes rouges grands et forts, et les Égyptiens passaient pour être les descendants des Atlantes, ainsi que les Étrusques et certains groupes indous. Plus tard, après le schisme d'Irschou, certaines peuplades se revendiquèrent la qualité de descendants des Rouges, mais ce n'était là qu'un symbole qui exprimait que ces peuples étaient restés orthodoxes, fidèles aux vieilles traditions de Ram, le continuateur de la religion des Rouges. Alors, fils des Rouges devint le synonyme d'Orthodoxe, l'emblème du respect envers le vieux culte scientifique des Atlantes, tandis que les sectateurs d'Irschou prônaient le naturalisme et, afin de jeter la confusion, prenaient le rouge comme symbole, la couleur ponceau d'où est sorti le mot phénicien.

Ainsi l'Antiquité a admis une race rouge et, pour elle, cette race habitait l'Atlantide. Cette race était civilisée, guerrière et savante, et les Anciens la reconnaissaient comme ayant enfanté la science des astres et les lois gouvernant les hommes. La fameuse Table d'Émeraude, qui a servi de type à toutes les morales des peuples antiques, provenait d'Atlantide, disait-on, et avait été sauvée du déluge. D'autre part, cette race rouge avait des caractéristiques physiques qui tranchaient avec celles des autres peuples. La forme de son crâne était particulière. Aussi les monuments égyptiens, chaldéens et indous, lorsqu'ils représentaient un homme de la race rouge, l'exprimaient suivant un type très particulier, qui ne pouvait se confondre avec les types des races alors existantes. Et voilà l'origine de cette coutume, chez les Égyptiens et autres peuples de l'Antiquité, de déformer le crâne des enfants, afin que ceux-ci ressemblassent aux hommes rouges, à la race noble des antédiluviens, et de se peindre en rouge la peau. Ce souci d'avoir un crâne allongé se retrouve en Bretagne, en Italie, en Espagne, chez tous les peuples enfin qui ont connu des descendants de la grande race rouge, réputée pour sa science et son intelligence.

Si les monuments de l'antiquité décrètent et représentent un type rouge atlante nettement défini, les traditions sont toutes d'accord pour affirmer l'existence d'un continent disparu, du nom d'Atlantide. Les prêtres égyptiens racontaient son histoire et l'enseignaient.

— Ce continent, disaient-ils, était au-delà des colonnes d'Hercule et était plus vaste que l'Asie, l'Europe et la Lybie réunies.

Les Mages du pays de Khaldou tenaient des discours analogues et les brahmes révélaient que le continent d'où les Rutas avaient émigré avait disparu englouti par un déluge.

Homère, Hérodote, Théopompe, Didore de Sicile, Plutarque, Pline, Denys de Mitylène, Pomponius Mela, Marcellus, Proclus parlent du mystérieux continent.

Platon lui consacre dans le *Timée* et surtout dans le *Critias* un long récit. Il en fait l'histoire, raconte les mœurs de la race atlante et comment, lorsqu'elle eut déchu, les dieux la détruisirent et firent disparaître sous les eaux l'île merveilleuse de Poséidonis.

Dans la Bible, Isaïe et Ézéchiel parlent du peuple atlante, qu'ils nomment le peuple puissant des îles de la mer. D'autre part, la légende d'Adam et d'Ève symbolise singulièrement l'histoire de l'Atlantide telle qu'on la connait. Cette allégorie renferme sûrement une histoire synthétique de l'Atlantide, et montre comment ce grand peuple, ayant atteint l'âge d'or, a détruit lui-même son propre bonheur en écoutant la voix de l'orgueil, de l'égoïsme, de la cupidité, en mangeant la pomme maudite de l'arbre du mal et du bien qui symbolise la science ou mieux la magie. Abel est le symbole de la magie blanche. Caïn accable Abel, comme dans l'histoire atlante les magiciens noirs ont accablé les magiciens blancs, ruinant par le crime la prospérité de l'Atlantide. Et Seth devient le nouvel ordre social. La Magie blanche contaminée est forcée de fuir en Égypte, dans les Indes, mais sachant lutter, prospérer envers et contre tout et porter la parole d'Adam, l'homme rouge, à travers les siècles.

Les traditions galloises au sujet de l'Atlantide sont rapportées par Timagènes. Trois races, disent-elles, ont occupé le pays de Galles et l'Armorique : 1° la population indigène ; 2° les envahisseurs Atlantes ; 3° les Gaulois Aryens. De plus ces traditions mentionnent trois grandes catastrophes qui auraient effondré à trois reprises différentes un immense continent, dont le pays de Galles était une extrémité. Et encore les vieux Gallois racontent, en montrant l'Océan Atlantique, que jadis, d'après les traditions, les forêts s'étendaient très loin dans la mer et couvraient un espace immense.

Enfin, avant de quitter les traditions de l'ancien continent, notons encore cette parole des prêtres égyptiens que rapporte Hérodote : que depuis 7340 ans, aucun dieu n'était apparu en Égypte ni sur aucun point connu du monde.

Or, comme les dieux étaient le nom de respect que l'on donnait aux Atlantes, cela prouve que la race rouge, à cette époque était presque disparue et que les survivants du déluge, les fils des dieux, s'étaient fortement mêlés aux filles des hommes. L'Amérique nous offre toute une série de traditions qui concordent étrangement avec celles d'Europe, d'Asie et d'Afrique.

Les races rouges d'Amérique (car il est à remarquer que sur ce continent des races multiples vécurent, des races blanches, des races jaunes, des races noires) font toutes remonter leurs traditions à un pays disparu qu'ils appellent Atlan ou Atzlan. Les Toltèques du Mexique, les Incas du Pérou, affirment hautement, ce fait et prétendent être les descendants des fils d'Atlan. Les Dakotas de l'Amérique du Nord racontent qu'ils viennent d'une île engloutie située au soleil levant et d'où ils se sont échappés au moment du cataclysme sur des esquifs étranges. La divinité mexicaine Quetzalcóatl était venue, d'après la tradition, d'une contrée d'Orient très éloignée et disparue. Zamma, le fondateur de la civilisation du Yucatan, s'était donné une origine analogue. Puis il est curieux de constater que l'histoire du déluge qui, d'après les traditions, marque la fin du continent atlante, se retrouve chez toutes les peuplades indiennes. Coxcox ou Tepzi, ressemble singulièrement à notre légendaire Noé. Comme lui, il est un homme bon que protège le ciel. Comme lui, il est averti du déluge et construit une arche où il enferme avec sa famille, les animaux domestiques ! comme lui, il erre à la surface des eaux et envoie un oiseau, qui dans ce conte est un vautour, pour voir si les montagnes émergent des eaux. Et, comme dans le récit biblique, l'oiseau ne revient pas. Puis l'on aborde au sommet d'une montagne... Bref c'est la légende biblique dans toute sa noble simplicité ; ce morceau est tiré du livre sacré appelé *Codex Vaticanus*. On retrouve la même légende chez les Aztèques, les Mitztèques, les Zapotèques, les Tlascaltèques, les Mechoacaneses, les Toltèques, les Chibehas de Bogota, les Indiens des Grands Lacs, les Iroquois. Partout l'arche de Noé ! Partout le déluge ! Partout le pays d'Atlan ou d'Atzlan englouti, la merveilleuse île de l'Est, comme l'appelaient les Sioux. Et ; en souvenir de ce déluge, tous ces Indiens célébraient des fêtes durant le mois Izcalli. Voici enfin, concernant l'Atlantide, un extrait du fameux livre sacré Maya, écrit il y a 3.400 ans et que conserve le British Muséum.

En l'an 6 du Kan, le II mulac, dans le mois zac, de terribles tremblements de terre se produisirent et continuèrent sans interruption jusqu'au 13 chuen. La contrée des collines d'Argile et le pays de Mu furent sacrifiés. Après avoir été ébranlés à deux reprises, ils disparurent subitement pendant la nuit. Le sol était continuellement soulevé par des forces volcaniques qui le faisaient s'élever et s'abaisser en maints endroits. À la fin, il céda. Les contrées furent alors séparées, puis dispersées. Elles s'enfoncèrent entraînant 64.000.000 d'habitants. Ceci se passait 8060 ans avant la composition de ce livre. (*Traduction le Plongeon*).

Or il est à remarquer que cette date de l'effondrement de l'Atlantique coïncide exactement avec celle donnée par les prêtres Égyptiens. En effet, on remarque ceci :

Égypte	Maya
9.564 + 1.900 = 11.464	8.060 + 3.400 = 11.460

Cette similitude de date concernant un même évènement permet d'affirmer historiquement à cette époque un cataclysme entraînant la disparition d'un pays. Cela ne peut être en effet un produit du hasard.

Toutes les traditions de l'antiquité sont donc d'accord pour affirmer :

1° — L'existence d'une race rouge appelée race atlante et engloutie dans un déluge à cause de ses crimes.

2° — L'existence d'un continent appelé l'Atlantide et englouti par un déluge. Ce continent était situé au delà des colonnes d'Hercule pour l'ancien continent, au soleil levant pour le nouveau monde, c'est-à-dire à la place de l'Océan Atlantique.

3° — L'existence d'un déluge, ou d'un cataclysme provoquant la disparition totale d'une contrée peuplée par la race rouge.

4° L'existence en Europe, en Asie, en Afrique, en Amérique de débris de cette race rouge engloutie. Ces survivants du déluge ont été les maîtres des autres hommes et ont fondé la civilisation antique, et ses religions.

Abordons maintenant la discussion scientifique de ces traditions et examinons les preuves que nous apporte, à leur appui, la science moderne.

CHAPITRE II
LES PREUVES SCIENTIFIQUES

Le récit de Platon a été de tout temps le sujet de nombreuses discussions. Au moyen-âge, la question de l'Atlantide a été soulevée, et de nombreux moines ont mis en doute l'existence de l'Atlantide, se basant sur le fait que Moïse n'en parlait pas dans la Bible, qu'ils n'avaient pas su traduire. Or, la Bible étant considérée comme l'histoire véritable du monde primitif, on rejeta le récit de Platon, comme étant un récit profane et païen. Seuls les adeptes aux initiations gnostiques et égyptiennes admettaient l'existence du continent disparu, mais gardaient cette tradition pour eux. La question de l'Atlantide constitua le motif qui poussa Colomb à partir dans l'inconnu. Au fond, son but était d'éclaircir ce problème. Ses calculs lui avaient appris que la terre était ronde. Il pensait avec raison qu'en allant droit devant lui à travers cet océan Atlantique que l'on n'osait parcourir, si l'Atlantide existait encore, il le verrait bien. Car, depuis le déluge qui avait occasionné l'engloutissement de Poséidonis, aucun marin n'avait osé s'aventurer sur l'Océan Atlantique. Les navigateurs de l'antiquité racontaient que l'on était arrêté, les uns par une barrière de flammes, un Khéroub à l'épée flamboyante, les autres par un immense banc de vase, recouvert par une végétation luxuriante qu'il était impossible de franchir. Beaucoup affirmaient aussi qu'il y avait là un abîme qui conduisait à l'Enfer. La vérité était, sans doute, qu'à la suite de l'engloutissement de Poséidonis, il s'était élevé à sa place, dans la mer, des bancs de pierres ponces, des amas de, débris volcaniques, ainsi qu'on a pu l'observer à propos du Krakatoa. Cette barrière avait forcé les hardis navigateurs de l'antiquité à rebrousser chemin, et l'on avait pris l'habitude de considérer l'Atlantique comme fermé à toute possibilité de navigation. Puis l'horreur qu'avait causée le cataclysme, les dangers éprouvés par les survivants du déluge avaient aussi été la cause d'une interdiction des prêtres antiques de s'aventurer dans les parages du continent disparu. Donc la route de l'Atlantique avait été abandonnée depuis la catastrophe de Poséidonis et Colomb ne voulut l'explorer à nouveau qu'à la suite d'un récit mystérieux d'un moine. Irlandais qui prétendait être parti avec des navigateurs normands à travers l'Atlantique et avoir abordé à mie terre immense peuplée d'hommes rouges. Colomb crut que cette terre était un débris de l'Atlantide et voulut s'en rendre compte. Et ce fut ainsi qu'il découvrit l'Amérique, sans encombres, ne se heurtant point à cette mystérieuse barrière dont parlaient les navigateurs antiques et que le temps et la mer avaient peu à peu dissoute. Beaucoup crurent que l'Amérique n'était autre que l'Atlantide. Elle était en effet peuplée d'hommes rouges. Le philosophe Bacon se rangea à cet avis. Mais Rome intervint. Cette découverte d'un continent nouveau dérangeait son dogmatisme — qu'allait devenir alors la légende d'Adam et d'Ève, et le paradis terrestre localisé en Asie ? Mais des prêtres démontrèrent avec raison que l'Amérique ne pouvait être l'Atlantide, car le continent nouveau était connu depuis bien longtemps. On y avait abordé par la route des Indes et jusqu'alors on l'avait considéré comme des terres inexplorées appartenant à l'Asie. Les enfants d'Adam, partis d'Asie, avaient essaimé sur le continent américain comme ils avaient essaimé en Europe, en Afrique. D'ailleurs les Dominicains citèrent à l'appui de ces dires la similitude des rites religieux, des mœurs, des usages qui existaient entre l'ancien et le nouveau continent. Les Indiens connaissaient la Croix et l'adoraient, ils connaissaient la communion, donc ils tenaient ces révélations divines d'Adam ou ils les tenaient du diable. Cette dernière supposition rencontra des croyants. Ce fut le motif de beaucoup de massacres d'Indiens ordonnés par des évêques fanatiques d'Espagne et du Portugal. Ainsi Rome parvint à rattacher l'Amérique à son histoire sacrée et les Peaux Rouges, aux Fils d'Adam. La question de l'Atlantide fut abandonnée et le récit de Platon ne rencontra plus que des incrédules. Elle ne fut étudiée à nouveau qu'au XVIIe siècle. Des géologues et des naturalistes reprirent la discussion de l'existence de l'Atlantide, frappés par les observations qu'ils avaient faites de la modification physique des terrains et aussi pour chercher une explication des similitudes existant entre les races animales et les flores du nouveau et de l'ancien continent. On ne voyait pas, en effet, comment certaines espèces animales avaient pu traverser à la nage l'Océan Atlantique. Il avait dû y avoir un pont naturel, un continent intermédiaire. Mais les philosophes intervinrent. Th. Martin et Humboldt traitèrent l'Atlantide de mythe. Buffon, Tournefort, Oviedo, Mac Culloch, Paw, Bory de Saint Vincent, Gaffarel, prouvèrent par contre que l'Atlantide avait existé et la plaçaient dans l'Océan Atlantique. Enfin, les théories de Lamarck et de Darwin vinrent renforcer la discussion. Le monogénisme et le polygénisme l'activèrent, puis les découvertes paléontologiques et anthropologiques affirmèrent la nécessité de continents intermédiaires permettant l'évolution de certains progéniteurs de nos espèces actuelles passées en instance d'évolution d'Amérique en Europe. Sous la Révolution, l'astronome Bailly, maire de Paris, affirmait dans un ouvrage l'existence de l'Atlantide, mais plaçait ce continent au Groenland, au Spitzberg, à la Nouvelle Zemble. Le continent dont il parle n'est point l'Atlantide, c'est le continent hyperboréen. L'Atlantide de Bailly n'est donc que le continent hyperboréen des traditions : Rudbek place l'Atlantide en Scandinavie. Nous verrons que la Scandinavie a appartenu à l'Atlantide mais n'a jamais constitué à elle seule ce continent. Son Atlantide serait plutôt le continent boréen, berceau de la race blanche et qui, en effet, d'après la tradition, était situé en Scandinavie, vers le cap Nord. Buache place l'Atlantide entre le Cap de Bonne Espérance et le Brésil. Qu'il y eût là un prolongement de l'Atlantide, c'est fort possible, mais il est plus certain que le continent auquel il fait allusion n'est autre que la Lémurie des traditions. Puis des historiens aimant la fantaisie, comme Latreille, Ont vu l'Atlantide dans la Perse ! Pourquoi la Perse ? Aucune tradition antique ne lui donne cet habitat et cependant, sur le lieu de l'Atlantide, ces traditions convergent et donnent une hypothèse cent fois plus simple. Mais voilà, elle est trop simple. Par ailleurs un cataclysme, un déluge semblent à beaucoup un conte de fées. Quant à de Baer, il voit dans le récit de Platon le symbole des douze tribus juives. L'écroulement de l'Atlantide est renfermé dans l'allégorie de l'engloutissement de Gomorrhe et de Sodome. Que Gomorrhe et Sodome se rattachent à un fait historique corollaire de l'histoire atlante, c'est fort possible, mais, voir là dedans l'Atlantide de Platon, c'est une pure fantaisie, Gomorrhe et Sodome étaient des colonies atlantes. Ces deux villes étaient situées sur l'emplacement actuel de la Mer Morte. Lorsque le dernier déluge eut lieu, il en résulta par toute la terre des tremblements formidables. Un peu partout des volcans tonnèrent et crachèrent du feu. Sodome et Gomorrhe furent englouties dans une crevasse d'où jaillit un volcan qui disparut à son tour laissant à sa place la Mer Morte que nous connaissons et qui n'est qu'un lac d'asphalte. Le bitume de ses eaux révèle assez son origine volcanique.

Un historien moderne, M. Berlioux, place l'Atlantide dans la région de l'Atlas et identifie les Atlantes et les Lebons, que l'histoire égyptienne montre comme de hardis marins, ayant cherché à dominer le bassin méditerranéen et à arracher aux Phéniciens et aux Égyptiens leurs colonies. Il voit dans la fête athénienne célébrant la victoire des Hellènes sur les Atlantes un épisode de la lutte des Lebons et des Grecs. C'est une grave erreur. Que la région de l'Atlas ait été une presqu'île du continent Atlantide, nous le montrerons plus loin. Identifier cette région avec le continent de Platon, c'est une hypothèse sans valeur. La région de l'Atlas a sans doute été, il y a 800.000 ans, une vaste île, car le Sahara était alors une mer. Cette île était une colonie peuplée d'Atlantes. Mais les Lebons ne sont point ces Atlantes, ils n'en sont aucunement les fils. Les Atlantes étaient rouges, les Lebons sont représentés avec un teint blanc, des yeux bleus, des cheveux blonds. Les Lebons sont des boréens et non des rouges. Ils ont en effet lutté contre les Égyptiens, mais la victoire des Hellènes, que rapporte la tradition, ne les concerne point. Cette victoire eut lieu 9.000 ans avant J. C. Or, les Lebons n'ont occupé l'Afrique que vers 5 ou 4.000 ans avant J. C. Donc les Lebons ne peuvent point être assimilés aux Atlantes et l'hypothèse de M. Berlioux ne repose sur rien.

Le récit de Platon si simple et si précis, a servi de base aux recherches de nos géologues et anthropologistes contemporains ; ceux-ci ont reconnu que ce récit était basé sur des faits réels et n'était nullement un mythe. C'était l'hypothèse la plus logique et la moins imaginative. Les recherches furent donc en conséquence effectuées dans l'Océan Atlantique. L'Angleterre envoya le *Challenger*, l'*Hydra* et le *Proserpine* opérer des sondages. Les États-Unis suivirent cet exemple et le Dauphin, le *Gettysburg* en compagnie de la canonnière allemande *La Gazette* explorèrent les bas fonds de l'Atlantique à l'endroit indiqué par Platon. Il résulta de ces différents sondages l'affirmation qu'il y avait au fond de l'Océan une vaste île engloutie avec des vallées, des montagnes, des plateaux. Cette île mesurait 3.000 de long sur 100 milles de large. Une immense chaîne de montagnes la traversait et s'y épanouissait, allant dans la direction Sud-Ouest depuis le 50e Nord jusqu'aux côtes de l'Amérique méridionale. Un rameau de cette chaîne prenait une direction S. E. vers l'Afrique et bifurquait vers le sud jusqu'à Tristan d'Acunha ; cette chaîne était haute de 9.000 pieds et il a été prouvé à ce moment que les îles Açores : Saint Paul, Ascension, Tristan d'Acunha n'étaient que les pics de cette immense montagne engloutie. Donc il y a bien au fond de l'Océan un continent effondré dont les sommets des montagnes émergent seuls à l'heure actuelle et constituent des îles. Puis les sondages révélèrent encore que cette île immense était couverte de débris volcaniques provenant d'éruptions gigantesques. Or Platon, comme les livres mayas, raconte que l'engloutissement de l'Atlantide a été précédé d'éruptions volcaniques. Ces faits matériels constituent une preuve tangible de la vérité de la tradition.

L'anthropologie fournit à son tour des témoignages nombreux, en faveur du récit de Platon. La loi de l'évolution suppose pour se développer l'existence de progéniteurs. Nos races actuelles ont donc eu, d'après ce principe, des ancêtres moins évolués et présentant des caractères très nets d'infériorité physique. Ainsi notre cheval est le descendant évolué du protohippus et l'évolution porte sur le pied qui peu à peu s'est modifié et a perdu les doigts primitifs et inutiles pour la course, ne laissant subsister qu'un seul doigt dont l'ongle est devenu sabot. Il est à remarquer que l'on n'a point trouvé en Europe, en Asie, en Afrique, un grand nombre de progéniteurs de nos espèces actuelles, tandis qu'on les retrouvait dans les terres américaines à l'état fossile, quoique, chose étonnante, les produits de ces progéniteurs n'existassent point en Amérique lors, de sa découverte ! Ainsi le progéniteur du cheval, le protohippus, est un fossile américain. On ne l'a rencontré ni en Europe, ni en Afrique. Une de ses formes plus évoluées a sans doute été trouvée dans la région du Tibet, mais l'habitat réel du protohippus a bien été l'Amérique. Or le cheval, qui en descend, n'existait point en Amérique lors de sa découverte et on ne l'y a point retrouvé à l'état fossile, tandis que le cheval pullulait en Europe, en Afrique, en Asie. Il faut donc bien que le cheval ait émigré à une époque éloignée d'Amérique en Europe. Cette émigration n'a pu se faire, à la nage. Il a fallu nécessairement qu'un continent intermédiaire existât, où les formes protohippiennes en instance d'évolution vécurent et se rendirent par ce pont naturel en Europe et en Afrique. Mais, dira-t-on, comment expliquer que le protohippus ne s'est point évolué également sur les terres américaines ? Cela tient à ce que les terrains où l'en a rencontré des fossiles du protohippus appartenaient à l'Atlantide et ont été à plusieurs reprises submergés. Les chevaux ont reculé devant l'eau envahissante et, par le moyen de l'Atlantide, Ont gagné les terres nouvelles qui sortaient de l'Océan ; puis, lorsque l'Amérique est à son tour ressortie des eaux, ils ne sont point retournés en arrière, pour la bonne raison que l'Atlantide n'existait plus à ce moment, ou du moins ne subsistait plus qu'à l'état d'île. Et voilà comment l'Amérique a été le berceau du cheval, de l'éléphant, du chameau, du rhinocéros, de l'élan irlandais, du bœuf musqué, du bison, du cerf, du lion. Toutes ces espèces se rencontrent à l'état fossile dans les terres américaines appartenant à l'Atlantide et ont émigré peu à peu en Europe, en Afrique, en Asie par ce continent intermédiaire. L'anthropologie admet donc nécessairement l'Atlantide, pour expliquer ces émigrations d'animaux originaires d'Amérique et qui n'y subsistaient plus lors de sa découverte. Ce qui est vrai pour la faune l'est également pour la flore. Des plantes ont émigré d'Amérique en Europe. Enfin se pose la fameuse question du bananier. Le bananier n'est qu'un plantain évolué par la culture. Il ne se reproduit que par des boutures et se transporte très difficilement. Il faut tous les soins qu'apporte dans ses expériences notre science moderne pour effectuer un transport de plants de bananier. Or le bananier se trouve en Afrique et en Amérique ! Il a fallu nécessairement que ce produit d'une civilisation fût apporté d'un pays dans un autre et, comme il ne peut se transporter, il a fallu qu'un continent intermédiaire lui permît d'émigrer peu à peu par des boutures successives. Ou il a émigré naturellement par boutures, ou il a été transporté par des hommes jouissant d'une civilisation avancée, et cela à une époque très reculé, car le bananier est connu depuis très longtemps. Ces hommes ne peuvent être ni les peuples de l'antiquité que nous connaissons, ni les Peaux-Rouges, car ni les uns ni les autres n'avaient les moyens d'effectuer un transport aussi délicat.

La malacologie montre aussi qu'il existe dans le pays des Basques une flore locale qui ne ressemble en rien à celle d'Europe et semble avoir été importée d'Amérique. L'Helix quimperiana et l'Helix constricta sont des produits de la flore Américaine et, chose curieuse, l'Helix quimperiana ne se rencontre en France qu'au pays des Basques et aux environs de Quimper, deux terres que la tradition considère comme ayant appartenu à l'Atlantide.

L'entomologie présente des résultats identiques. Bref au point de vue scientifique naturaliste, l'existence de l'Atlantide peut seule expliquer comment la faune et la flore fossile d'Amérique a pu se transporter en Europe et y arriver dans un degré d'évolution qu'elles n'ont point connu en Amérique. L'Atlantide a été la terre intermédiaire, où des formes primitives américaines ont évolué avant de s'adapter en Europe. Elle est donc, à tous les points de vue, un continent de transition.

L'ethnologie est non moins significative que l'anthropologie. Elle montre en effet que des similitudes nombreuses existent entre certaines races des deux continents, et cela aux points de vue anatomique, sociologique, ethnographique, mœurs et usages.

L'Amérique était peuplée, lors de sa découverte, par un grand nombre de races. Il y avait la race rouge, représentée principalement par les Péruviens, les Mexicains, les Mayas et autres peuplades peaux rouges ; la race blanche, représentée par les tribus du Menomissec, du Dakota, du Mandan, du Zuni, avec des cheveux blonds, des yeux bleus ; la race noire, avec les indigènes du Kansas et de la Californie ; enfin la race jaune, avec certaines tribus du Nord et de l'Hudson. Mais à part la race rouge, qui était la plus nombreuse et qui s'était conservée pure, les autres races étaient plus ou moins mêlées à du sang rouge. D'où une diversité de types, un extraordinaire mélange de noir, de blanc, de jaune, de rouge, qui longtemps a intrigué les éthologistes. Certains, ont vu dans l'Amérique le berceau de toutes les races et ont expliqué ainsi cette diversité de couleurs. Mais la vérité est plus simple. La race rouge a d'abord exclusivement dominé en Amérique. Elle, est le produit de ce sol. Des émigrations des noirs polynésiens ont créé ensuite un type rouge-noir par croisement. Ces émigrations ont eu lieu dès la plus haute antiquité et, de tous temps, les naturels des archipels polynésiens ont entretenu des relations avec l'Amérique. On sait en effet la hardiesse avec laquelle ils n'hésitaient point à franchir en mer de grandes distances sur de frêles esquifs. Il y eut ensuite des émigrations mongoles par le détroit de Behring, ce qui donna naissance à un type rouge cuivré aux yeux bridés, que l'on rencontre vers le lac Michigan. Ces émigrations de Jaunes furent nombreuses, et voilà l'origine de la découverte des inscriptions chinoises en Amérique et de statuettes représentant Bouddha assis sur une tortue d'espèce asiatique et tenant le lotus en main. Enfin il y eut des émigrations boréennes par l'Islande, le Groenland, ce qui constitua, mélangé aux rouges, des individus à yeux bleus, à cheveux châtains, à teint légèrement bronzé, tels les Dakota, les Manda. Puis peu à peu, avant Colomb, de nombreuses barques de pirates normands abordèrent en Amérique, y laissant des colonies blanches et des inscriptions runiques. Donc il y a eu en Amérique une superposition de races de couleurs différentes qui se fondirent peu à peu entre elles et donnèrent cette variété infinie de types allant du noir au blanc par le jaune, le cuivre, le rouge, l'olive, mais toujours néanmoins avec une dominante rouge. Aussi, pour prouver l'Atlantide, nous ne nous arrêterons point à établir comme certains modernes les similitudes existantes entre les jaunes d'Amérique et ceux d'Asie, entre les blancs du nouveau continent et ceux de l'ancien. Ces similitudes découlent de la loi même des origines. Puis nous ne partageons pas l'avis des modernes, qui font venir de l'Atlantide les blancs, les noirs, les jaunes. L'Atlantide a ignoré la race blanche, née bien plus tard. Elle a civilisé sans doute les Noirs, mais cela par l'intermédiaire de ses colonies africaines. La race noire est un produit africain et non atlante. Rangeons-nous donc à l'avis de la tradition, qui donnait à l'Atlantide comme habitants une race essentiellement rouge, et admettait à ses côtés, une race jaune-cuivre, dont l'habitat était l'Asie et une race noire déchue, la race lémurienne. Et voilà pourquoi nous n'interrogerons en Amérique que les races exclusivement rouges dans les analogies qu'elles présentent avec les races de l'ancien continent qui se disent descendre des Rouges atlantes, tels les Égyptiens, les Basques, les Étrusques, les Chaldéens.

En Europe, une grande parenté existe entre les Basques, les Corses, les Guanchs. Ce sont des dolichocéphales, ayant une forme crânienne des plus caractéristiques. Or il est curieux de constater que l'on, rencontre cette dolichocéphalie chez certains naturels américains. Même crânes, même teint rougeâtre, mêmes caractères physiques. Cette race dolichocéphale, que l'on rencontre aussi en Afrique sur les têtes atlantiques, ne se rattache aucunement à la race indo-européenne. Elle forme sur notre continent un îlot à part, nettement défini au point de vue physique comme au point de vue mœurs et langages. Or cet îlot étranger à notre Europe et à ses races se rattache singulièrement aux races américaines. Elles découlent des mêmes progéniteurs physiques et sociaux. D'ailleurs, les Basques sont les premiers à reconnaître qu'au début, d'après leur tradition, ils vivaient isolés dans un pays restreint, borné de tous côtés par la mer. Ce n'est que plus tard, disent-ils, que des émigrations noires venant du Midi, puis des émigrations blanches venant du Nord envahirent, le pays qui sortait des eaux et le peuplèrent. Ils se reconnaissaient en somme complètement en dehors de toute famille européenne, un peuple à part et d'une antiquité supérieure aux noirs et aux blancs. Leurs deux idiomes l'Eskualduna et l'Euskarien, leur donnent raison. En effet, la linguistique est forcée de reconnaître que ces idiomes ne peuvent aucunement découler des langues, indoeuropéennes. Ils ne se rattachent pas davantage aux langues africaines et asiatiques. Ils semblent cependant vaguement apparentés à la langue des Guanches, à l'Étrusque, à l'Égyptien primitif, et au Tibétain primitif. Mais cette parenté est extrêmement lâche, tandis qu'au contraire certains idiomes américains ressemblent à tel point à la langue basque que des naturels Peaux-Rouges du Canada pourraient comprendre sans difficulté un Basque. Cela ne peut être dû au hasard.

Nous venons de dire que le Basque ne semblait dans l'ancien continent n'être que vaguement apparenté à l'Égyptien primitif, au Tibétain primitif, à l'Étrusque. Cela est vrai, car il est permis de supposer que les Basques, se rattachant à cette race rouge dont les Étrusques, les Égyptiens, et les Tibétains primitifs se disaient issus, avaient dû forcément avoir les mêmes progéniteurs linguistiques. Seulement, tandis qu'au pays basque la langue restait fixe et immuable comme elle l'est restée en Amérique dans certaines tribus, elle évoluait au Tibet et surtout en Égypte, se défigurant peu à peu au contact des idiomes noirs et boréens. Seul l'Étrusque qui, à l'heure actuelle, reste encore mystérieux, semble être une forme plus évoluée que le Basque, mais moins évoluée que l'Égyptien. L'avenir démontrera peut-être que cette langue est l'intermédiaire entre le Basque et l'Égyptien.

Mais ce qui est caractéristique au point de vue de l'Atlantide, c'est cette conformité de langage de deux peuples ayant les mêmes caractères physiques et étant séparés par un Océan immense. De plus, ces deux peuples n'ont jamais été navigateurs. Il y a donc eu, à un moment donné, un pont naturel. Ce pont était l'Atlantide.

En Europe, certains types bretons à peau rouge, à nez en forme d'aigle, ressemblent aussi d'une façon étonnante, au point de vue physique, à certains types américains. Ces Bretons constituent de petits îlots, très concentrés, et jamais ne se sont mêlés aux peuples environnants, envers lesquels d'ailleurs ils affectent du mépris. Et il est curieux de constater la parenté physique de ces Bretons avec certaines peuplades italiennes descendant des Étrusques, avec certains types égyptiens et indous. Ces Bretons se rattachent donc à la race rouge et sont totalement étrangers aux Sudéens et aux Boréens.

Mais où la parenté existant entre les rouges d'Amérique et les rouges d'Europe éclate merveilleusement, c'est dans la comparaison des Égyptiens et des peuples, qui s'y rattachent (Phéniciens, Rumero, Accadiens, Étrusques) avec les Péruviens, les Mayas du Yucatan et les Mexicains, peuples représentant en Amérique la race rouge dans toute sa pureté. Même forme crânienne, mêmes usages, mêmes architectures, mêmes conceptions métaphysiques. On a la sensation très nette d'un progéniteur commun et ce progéniteur, que reconnaissent les traditions de ces peuples est, disent-elles, le pays d'Atlan, d'Atzlan, d'Atlantide, l'île mystérieuse enfouie au fond de la mer.

Au point de vue linguistique, il est curieux de constater la ressemblance existant entre l'alphabet phénicien et l'alphabet maya du Yucatan, entre le grec et le maya, le chiapanec et l'hébreu. Cette ressemblance entre le grec et le maya est, paraît-il, si grande qu'un des explorateurs des contrées américaines connaissant l'ancien grec, comprit la plupart des Mayas sans difficulté. « Le grec d'Homère en Amérique ! s'écria-t-il, mais c'est une invention du diable ! »

Qu'est-ce que le maya ? L'idiome d'un peuple rouge qui prétend descendre des Atlantes. Qu'est-ce que le grec ? Un dérivé de l'hébreu, venant de l'Égypte. Or cette Égypte prétend être fille de la race rouge et descendre des Atlantes. Sa langue est l'hébreu primitif : non point le dialecte syro-araméen que nous connaissons, mais l'idiome de Moïse, la langue de Sépher, la langue sacrée des peuples rouges échappés au déluge !

Donc le grec et le maya ont une origine commune, tous deux sont les dérivés d'une langue mère qui est la langue atlante, et l'Atlantide seule permet d'expliquer leur parenté. Un exemple :

Dieu au Mexique s'exprime par 2 mots :	Théo et Zéo
Dieu en grec	Thée et Zéus
Dieu en Hébreu	Ja et Yah

Cette similitude frappante ne peut être due au hasard. Seule l'Atlantide donne la clé du mystère. Les rapports qui existent entre le chiapanec et l'Hébreu s'expliqueraient de la même manière. En un mot, l'hébreu primitif, qui était l'idiome sacré des Égyptiens, est une langue atlante, qui a été la mère, dans l'ancien continent, du grec (mélange d'hébreu et de celte) et du zeud (mélange d'hébreu et de pali) ; et dans le nouveau, du maya et du chiapanec. On a été frappé aussi de la parenté existant entre l'alphabet maya et l'alphabet phénicien. Tous les deux sont à base phonétique et de nombreux signes concordent. Nous dirons pour expliquer cette parenté ce que nous avons dit pour faire comprendre celle qui unit le grec au maya. Le phénicien est un produit de l'Égypte Son alphabet est né dans les temples Égyptiens, car l'Égypte a été la matrice où ont été enfantées les civilisations grecques phéniciennes, chaldéennes, indoues. L'Égypte possédait quatre sortes d'écritures : 1° L'écriture épistolo-graphique ; 2° l'écriture hiéroglyphique ; 3° l'écriture hiératique ; 4° l'écriture symbolique.

Le phénicien est un dérivé de l'écriture épistolographique égyptienne, qui était alphabétique, et les Égyptiens tenaient eux-mêmes cette écriture des Atlantes. Quant aux Mayas, ils tenaient leur alphabet, disaient-ils, des Colhnas, race qui s'était éteinte 1.000 ans avant J. C. Et ces Colhnas prétendaient venir du pays d'Atlan. Donc, là encore, l'Atlantide peut seule expliquer la parenté entre l'alphabet maya et l'alphabet phénicien. Les signes mayas sont hiéroglyphes en ce sens qu'ils représentent un objet et se manifestent par une décoration embrouillée et excessive. Les signes phéniciens ne sont en somme que ces hiéroglyphes, simplifiés par l'usage et l'évolution. Leur intermédiaire est l'écriture égyptienne, plus simple que le maya mais plus ornée que le phénicien. Voici d'ailleurs quelques exemples montrant l'identité des alphabets et la nécessité d'admettre un progéniteur commun :

	MAYA	MOAB	PHÉNICIEN (primitif)	HÉBREU (primitif)	GREC (primitif)	ÉGYPTIEN
A						
H						
Q						
O						
I						
K						
N						

Donc on peut établir scientifiquement qu'une réelle parenté existe entre les langues et les alphabets des peuples rouges de l'ancien et du nouveau continent. Ces peuples ont donc eu forcément des relations sur une terre commune. D'où la nécessité de l'Atlantide.

Les mœurs et les coutumes des Péruviens et des Mexicains offrent une curieuse ressemblance avec celles des Égyptiens et des peuples qui s'y rattachent. Au point de vue religieux, au Pérou comme en Égypte, étaient pratiqués les usages et rites suivants : le baptême, la confession, l'absolution, le carême, le mariage religieux, la communion sous les deux espèces et avec des hosties qui étaient des pains marqués du sceau sacré, l'embaumement des morts, la bénédiction avec la croix, l'adoration de la croix considérée comme symbole de la vie éternelle, la pénitence, la crémation. Des deux côtés de l'océan, même croyance en un seul Dieu, en l'immortalité de l'âme, en une vierge sacrée. Même culte sidéral, même adoration d'un disque d'or représentant le Soleil, mêmes fêtes religieuses, mêmes cérémonies. Pan était aussi adoré en Amérique qu'en Grèce, et sous le même nom. On connaissait au Pérou des ordres religieux, des ordres monastiques où la mort punissait celui qui rompait ses vœux. Il y avait aussi des vestales, gardiennes du feu sacré, vierges pures qui, si elles se laissaient séduire, étaient, comme à Rome, enterrées vivantes

Les Chippewayames connaissaient l'histoire de Tantale, la légende d'Atlas, les Méduses aux cheveux de serpents, l'histoire de Deucalion ; et chez les Mexicains, Jupiter et son tonnerre étaient adorés ! Bref, on peut dire que la religion péruvienne est identique à la religion égyptienne, comme métaphysique et comme rites.

Est-ce pur hasard ?

Le calendrier, maya est semblable au calendrier chaldéen et la chronologie maya est la même. Les noms des vingt jours du mois aztèque sont identiquement ceux du Zodiaque chaldéen.

Est-ce pur hasard ?

La magie était connue des Péruviens ils la pratiquaient et admettaient, comme les Grecs, la lycanthropie. Ils se disaient, à l'égal des Égyptiens, fils du soleil et racontaient sur le déluge des histoires identiques à celles des Chaldéens. Ils avaient un Noé, qui construisit une arche. Ils brûlaient aussi leurs morts, ou bien les enterraient dans des tumuli comme les Étrusques, avec leurs armes, leurs bijoux, des vases précieux, ou encore les embaumaient. Or, le procédé d'embaumement que les Péruviens employaient était identique à celui des Égyptiens. Mêmes incisions, mêmes précautions, et les momies péruviennes comme les momies égyptiennes ont toutes dans la bouche une lame d'argent.

Est-ce pur hasard ?

Les naturels de la vallée du Mississipi pratiquaient cette curieuse coutume de la couvade, que l'en retrouve en Europe chez les Basques. Aussitôt accouchée, la femme se lève, et cède son lit au mari qui reçoit, couché, le poupon dans ses bras, les félicitations des amis ! Cet usage singulier n'est pratiqué en Europe que par les Basques. Or comment expliquer que cette coutume se retrouve ainsi localisée en Amérique ?

Est-ce pur hasard ?

Il y a une ressemblance étrange entre les noms de lieux et de personnages à Haïti et aux Canaries, au Pérou et en Égypte, au Mexique et en Grèce. Ainsi le mot Maya est un mot qui se retrouve à chaque pas en Grèce, en Égypte, dans l'Inde. Il a donné Marie, Miriame, Marianne, etc... La coiffure égyptienne appelée Calantica se retrouve sur des statues du Mexique. Elle est cependant spéciale et caractéristique. Quant aux monuments égyptiens, ils ressemblent singulièrement aux monuments péruviens. Mêmes conceptions architecturales, même esthétique, mêmes procédés de construction et, ce qui est plus bizarre, même orientation des monuments religieux et même disposition des chambres intérieures et des galeries. Les pyramides d'Égypte sont identiques à celles du Pérou. Chez les deux peuples, elles sont un gnomon et expriment le symbole du quatre dans l'un. Les Mound Builders de la vallée de l'Ohio sont des pyramides ayant des proportions analogues à celles d'Égypte. Celle de Cahokia a 97 pieds de hauteur. Il y a aussi une grande similitude entre les ruines de Testihuacan et celles de Karnak. Les deux peuples ont construit des tumuli, des cairns, des cryptes, des aqueducs, des arches et ont employé le ciment, la brique. Les portiques de Kabah ressemblent à une construction romaine primitive. Quant aux sculptures, aux décorations murales, aux ornementations, elles sont de même étroitement parentes et certaines céramiques de Mexico seraient prises pour des céramiques égyptiennes.

Est-ce pur hasard ?

Puis, comment expliquer l'apparition du bronze en Europe sans qu'il y ait eu auparavant un âge du cuivre et un âge de l'étain ? Or un âge du cuivre a existé en Amérique vers les Grands Lacs, et c'est le seul lieu de la terre où il a existé ! Là seulement, on retrouve des instruments en cuivre pur. Partout ailleurs on ne retrouve que du bronze. Or le bronze n'a pu être trouvé avant un long usage du cuivre et de l'étain. Le bronze a donc été apporté en Europe, en Asie, en Afrique par un peuple commerçant et hardi.

Comment expliquer aussi la découverte en Amérique de pointes de flèches, de haches, et de statuettes en néphrite et en gadéite, alors que nul gisement de ces pierres n'existe en ce pays ? Et d'où viennent ces marteaux de pierre portant le signe sacré et mystérieux du Swastika indou et égyptien.

Enfin, pourquoi ce parti pris des naturels américains de se servir, comme motif d'ornementation, de l'éléphant, qui a disparu de l'Amérique à la fin du Tertiaire et qui d'ailleurs n'y a existé que comme mammouth, lequel diffère sensiblement de l'éléphant ? car les décorations péruviennes emploient l'éléphant qu'ils ne pouvaient pas connaître et non le mammouth. On trouve en effet au Pérou des pipes en forme de tête d'éléphant, des vases, des sculptures représentant cet animal et une ornementation basée sur des trompes d'éléphants entrelacées. Notez aussi qu'en Irlande il a été retrouvé des pipes à tête d'éléphant et d'autres ornées qui ressemblent singulièrement aux pipes péruviennes ! Puis pourquoi des pipes en Irlande remontant à une époque très reculée, alors que l'introduction du tabac en Europe est récente ?

Le hasard n'a pu faire si bien les choses et il serait ridicule de vouloir s'appuyer uniquement sur lui dans le but de nier les traditions. Les traditions expliquent ces similitudes par l'existence de l'Atlantide ? Pourquoi ne point les admettre ?

En effet, seule l'Atlantide permet d'établir le pourquoi de cette parenté. Elle devient le progéniteur nécessaire et tous ces faits affirment son existence.

Ainsi la science vient à l'appui de la tradition pour affirmer qu'il a dû y avoir un continent intermédiaire entre l'Amérique et l'Europe, un pont naturel qui a servi de passage à la flore, à la faune, et aux races humaines de ces deux continents. Maintenant, comment ce continent a-t-il pu s'écrouler et disparaître dans la mer, c'est que nous allons étudier.

CHAPITRE III
LES CATACLYSMES

Toutes les données convergent à nous faire admettre que quatre catastrophes ont miné peu à peu l'Atlantide et ont causé son engloutissement par les eaux. L'action volcanique a joué le principal rôle dans ces cataclysmes. Les traditions maya et égyptienne sont d'accord pour nous représenter l'Atlantide continuellement secouée de tremblements de terre et dévorée par le feu. Les sondages effectués récemment par le *Challenger* ont aussi révélé que le continent englouti dans l'Océan est encore couvert de débris volcaniques et que des cônes de volcans éteints le parsèment. Il s'est produit pour l'Atlantide en grand, ce qui s'est passé en petit à Java, avec le Krakatoa et à la Martinique avec le Mont Pelé. Sans doute, l'érosion lente de la mer a eu aussi son effet, puis le soulèvement de l'Afrique et de l'Europe refoulant les eaux a sans doute été cause également des envahissements brusques de l'Océan, des déluges en un mot qui, agissant sur les parties terreuses du continent, les ont effondrées, tel ce qui s'est passé et se passe en Bretagne, où la mer avance dans les terres, creuse et noie, tandis qu'elle recule ailleurs. Mais l'action volcanique a dû être la grande cause et le mystérieux ressort qui, en se détendant, a causé les quatre cataclysmes de la tradition. Ce sont les Indous qui ont conservé le plus de détails précis concernant ces catastrophes.

Le premier cataclysme dont nous possédons la tradition a eu lieu il y a 800.000 ans. La race atlante était alors dans toute sa splendeur, le continent de l'Atlantide était vaste et occupait presque tout l'Océan qui porte son nom. L'Amérique n'existait qu'à l'état d'îlots. Il en était de même de l'Europe, et l'Afrique n'était qu'un promontoire du continent asiatique peu développé. Au nord, il y avait des restes importants du continent hyperboréen et, au sud, la Lémurie tenait encore une large place, quoique divisée en de grandes îles. Ce premier cataclysme par son étendue a pu être déterminé par le renversement des pôles et aurait achevé de faire écrouler les restes de ce continent, en commençant à attaquer la charpente terreuse de l'Atlantide. La masse des eaux du Nord aurait balayé l'Atlantide comme toutes les terres émergeant de l'Océan, et serait venue accabler de son poids le continent lémurien situé au Sud, l'engloutissant pour former à sa place une mer. Quelle que soit en somme l'hypothèse de ce qui a occasionné ce premier déluge, il est certain qu'il a existé et la tradition égypto-indoue se trouve confirmée par la tradition du pays de Galles. (Voir carte n° 1).

Le second cataclysme aurait eu lieu il y a 200.000 ans. L'Atlantide se trouve réduite et amoindrie. Les îles américaines se groupent et se soudent en une grande île. Les îles Britanniques s'unissent à la presqu'île de Scandinavie pour former une grande île. L'Afrique grandit, la Lémurie diminue et le continent hyperboréen disparaît. Ainsi se trouve modifiée la physionomie du monde. (Voir carte n° 2).

La cause de ce second cataclysme semble être d'origine volcanique.

Le troisième déluge eut lieu il y a 80.000 ans. Alors la terre prend un aspect tout différent. L'Atlantide se trouve réduite à deux îles, que la tradition appelle Routa est Daitya. L'Europe sort des eaux et forme une grande île, tandis que l'Afrique, s'unissant à l'Asie, détermine un vaste continent aux découpures bizarres. (Voir carte n°3). Ce troisième déluge est dû sans doute à l'action volcanique.

Enfin, le quatrième cataclysme eut lieu en l'an 9.654 avant J. C. Alors l'Atlantide n'existait plus qu'à l'état d'île : l'île de Poséidonis. Elle fut engloutie et disparut ainsi de la terre.

Quant à la cause de ce dernier cataclysme, les traditions concordent toutes pour affirmer une action volcanique très prononcée et décisive.

L'Europe, l'Asie, l'Afrique, l'Amérique, qui alors avaient déjà presque leur physionomie actuelle, se ressentirent vivement de cette action volcanique. Il y eut partout d'effroyables tremblements de terre, des déluges locaux, des engloutissements de pays, que les traditions locales ont enregistrés un peu partout. Bref, la terre entière fut secouée au bruit de l'explosion de l'île de

Poséidonis, qui, était, comme nous allons le voir, assise sur une véritable chaudière où bouillonnaient des volcans. (Voir carte n° 4.)

CHAPITRE IV
LA GÉOGRAPHIE DE L'ATLANTIDE ET SES RACES

L'Atlantide avait un système orographique puissant. Elle était traversée par une vaste chaîne de montagnes qui, par endroits, s'épanouissaient et qui fumaient. Certaines atteignaient 9.000 pieds. Ces montagnes renfermaient de nombreux volcans. La tradition, en effet, nous raconte que de nombreuses sources d'eau chaude jaillissaient en Atlantide et qu'il y avait des monts qui fumaient. Au nord de la capitale, appelée Cerné, il y avait une très haute montagne recouverte de neiges et se terminant par trois pics en forme de trident. Cette montagne devait être sacrée ou tout au moins fameuse par le monde, car en Amérique comme en Europe on en a conservé le souvenir, et dans les deux continents on a maintes fois essayé de la représenter sur des monnaies ou des bas-reliefs : c'était la grande montagne d'Atlan, disaient les Peaux Rouges, la montagne des dieux racontent les Chaldéens, le Parnasse disaient les Grecs, ou le Trident de Neptune, car Poséidonis avait comme symbole en Grèce Neptune. Neptune et son trident étaient l'allégorie qui représentait l'Atlantide avec sa fameuse montagne aux trois pics.

Quatre grands cours d'eau sillonnaient l'Atlantide.

Le terrain était fertile et le climat très doux. Il devait être semblable à celui des Açores. Le sol volcanique se prêtait à la culture et comme on avait tous les climats, la zone tropicale au sud dans les régions basses, la zone tempérée sur les plateaux, la zone froide dans la région des neiges, on pouvait obtenir une variété infinie de productions. Toutes les cultures y étaient prospères. On n'y manquait de rien, et voilà pourquoi l'Atlantide a été représentée par les traditions comme une terre bienheureuse, un jardin merveilleux, un lieu de bonheur où le printemps était perpétuel. C'était le paradis des Peules, l'Éden des Hébreux, le jardin des Hespérides des Grecs, enfin cette terre idéale après laquelle toute l'antiquité a soupiré et qu'elle a cherché à retrouver par le monde, et d'où les hommes avaient été chassés par leurs fautes. En un mot tous les produits de la terre se trouvaient réunis là comme flore et comme faune.

Il y avait de nombreuses villes. La capitale était Cerné, la ville aux portes d'or, la ville des fontaines. Sa population était nombreuse et très dense.

Voici, d'après les Indous, les races diverses qui peuplaient l'Atlantide. Elles se divisaient en deux troupes : le groupe rouge et le groupe jaune.

Lé groupe rouge comprenait : Les Rmoahals, les Tiavatlis, les Toltèques. Le groupe jaune : les Touraniens, les Sémites, les Akkadiens, les Mongols.

La race rmoahal était la plus ancienne : elle datait de 4 à 5 millions d'années. Les hommes de cette race étaient d'un brun acajou et très grands de 10 à 12 pieds. Ils se croisèrent avec les Lémuriens du Groenland, qui alors jouissait d'une température douce, puis s'enfuirent avec eux et émigrèrent, lors de la période glacière, vers l'Atlantide. Ils étaient peu intelligents et très brutaux. La race tlavatlis était rouge-brun, plus petite mais plus intelligente. Elle habitait les montagnes. La race toltèque était rouge-cuivre. Très intelligente et très forte, ce fut elle qui domina et gouverna. Les Toltèques avaient une haute taille : huit pieds. Ils avaient les traits réguliers. Les Égyptiens primitifs et les Incas étaient des Toltèques.

Le groupe jaune allait du jaune rouge représenté par les Touraniens, au jaune pâle que manifestait le teint des Mongols. D'ailleurs, ce groupe jaune n'apparaît que très tard et bien après le groupe rouge. Ainsi les Akkadiens n'apparaissent qu'après la catastrophe de 800.000 ans et les Mongols qu'avec celle de 200.000. Les Touraniens ont surtout habité les colonies, le Maroc, l'Espagne. Les Sémites étaient les nomades atlantes et semblent être nés dans les montagnes du Nord-Est de l'Atlantide, c'est-à-dire en Irlande et en Écosse. Les Akkadiens étaient commerçants et étaient nés sur le continent qui occupait la Méditerranée actuelle, et dont la Corse et la Sardaigne sont les restes. Quant aux Mongols, ils étaient nomades et leur berceau a été la Sibérie.

Il n'y a donc point eu en Atlantide de race blanche, comme certains modernes l'ont prétendu. Les teints pâles dont parlent les traditions étaient représentés par le groupe jaune. Maintenant, ce groupe jaune doit-il être rattaché à l'Atlantide ? N'est-il pas plutôt la production de l'Asie se développant et dont l'Europe et le Nord de l'Afrique étaient des promontoires ? Il semble que la véritable race atlante était la race rouge. En un mot, le premier groupe. Le groupe jaune me paraît être plutôt un produit asiatique. Mais il est certain qu'à cette époque il n'y avait point de race blanche, car les Boréens ne sont apparus qu'après l'engloutissement de Poséidonis. Quant aux Noirs, ils naissaient en Afrique et se développaient. Les nègres atlantes n'étaient que des Lémuriens.

Maintenant, étudions la civilisation de ces Atlantes.

CHAPITRE V
LA CIVILISATION DES ATLANTES

Les traditions et les recherches modernes sont d'accord pour admettre que les Atlantes atteignirent une civilisation véritablement supérieure. Leurs colonies d'ailleurs en ont laissé le témoignage. L'Égypte, colonie de l'Atlantide, révèle une civilisation admirable qui, selon Renan, semble n'avoir point connu d'enfance barbare. Cela tient à ce que les Atlantes n'ont colonisé qu'en pleine maturité de civilisation. Le Pérou et le Mexique confirment aussi ce fait, car là encore d'innombrables vestiges témoignent d'un passé grandiose et civilisé. D'ailleurs, Égyptiens et Incas reconnaissaient que toute leur science venait des Atlantes. Les Égyptiens les avaient surnommés les dieux, les Incas, fils du soleil, expression identique comme symbole de respect. D'autre part, les Égyptiens racontaient que la base de leur religion était cette fameuse Table d'Émeraude, où des sages atlantes avaient condensé toute la vérité d'alors. Cette table, apportée en Égypte par Hermès, devint la Loi d'après laquelle les Chaldéens établirent leur morale et dont Moïse se servit pour dicter à son peuple le célèbre décalogue. Les Grecs eux-mêmes admirèrent la Table d'Émeraude, qu'ils appelaient table de Mercure, le Messager des Dieux (ou Atlantes) et Pythagore composa au sujet de cette table les fameux vers dorés. La morale contenue dans cette table est fort belle. On la retrouve d'ailleurs dans toutes nos religions. Elle proclamait le respect dû à un être suprême, à une cause première, universelle, omnipotente. Ce Dieu se révélait à nous par la vie et les forces supérieures qui, combinées, en sont l'âme. Ces forces étaient au nombre de quatre. Ainsi l'on retrouve là le quartenaire dans l'unité, ce principe de l'ésotérisme égyptien et indou, et que de nos jours la Kabbale a perpétué. La pyramide quartenaire par la base, une par le sommet, était le monument symbolique de cette vérité religieuse, le grand temple où l'on recevait l'initiation de la science transcendante. Mais ce Dieu invisible, omnipotent, se manifestait d'une façon plus tangible pour les êtres terrestres par les astres. Aussi l'homme devait respecter les astres, les saluer avec admiration comme des preuves matérielles de la puissance de la cause première. Puis parmi ces astres il en était un qui symbolisait au premier chef cette puissance, car les Atlantes avaient remarqué que les rayons solaires distillaient la vie et que là où il n'y avait point un peu de soleil, il n'y avait point de vie. Aussi ils avaient adoré le soleil tout particulièrement et l'avaient proclamé le Dieu des dieux. Donc leur religion était à la fois philosophique et scientifique. Mais il est certain que ces données abstraites n'étaient l'apanage de la compréhension que de quelques uns. Le peuple se contentait d'être sabéiste. Il adorait les étoiles, le grand homme sidéral, comme la manifestation du grand moteur universel, dont on ne devait même pas essayer de pénétrer le mystère, tel de nos jours l'adoration de nos femmes pour les saints, et leur profond respect pour l'inviolable mystère de la Sainte Trinité. En somme, les Atlantes ont proclamé, bien avant nos savants modernes, la grande vérité de l'Influx solaire. Pour eux, le soleil était l'instrument vital du grand tout. Aussi le culte du soleil fut-il un des plus importants parmi ceux qui florissaient en Atlantide. On lui construisait des temples gigantesques aux salles formidables, aux plafonds soutenus par une forêt de piliers carrés et rarement circulaires. Ces temples étaient plus monstrueux encore que ceux que nous voyons en Égypte et qui sont d'une architecture analogue. Sur l'autel un grand soleil d'or resplendissait, et disposé de telle façon que chaque matin le premier rayon solaire vînt s'y mirer. Les temples incas et le culte qu'on y célébrait sont les vestiges des cérémonies religieuses atlantes. Puis sur les montagnes on disposait des cercles de monolithes. Ces grandes pierres étaient au nombre de douze. Chacune d'elles symbolisait un signe du zodiaque et leur disposition était telle que le premier rayon solaire devait frapper la pierre symbolisant le signe zodiacal, où alors il trônait. Ainsi Ils avaient en quelque sorte un calendrier sidéral indiquant la position du soleil dans sa course à travers la zone zodiacale. Comme, ici-bas, le feu est le symbole le plus pur du soleil, on avait institué le rite du feu. Il se célébrait d'une façon analogue à celui que pratiquaient les Aryens. Des prêtres spéciaux étaient voués au soleil. Il avait aussi ses prêtresses, ayant fait vœu de chasteté, et chargées d'entretenir le feu d'une façon perpétuelle sur l'autel. Les vestales ne sont que les filles des prêtresses atlantes et l'adoration perpétuelle de notre culte catholique n'a point d'autres origines. D'ailleurs, au Pérou et au Mexique, l'on a retrouvé aussi des prêtresses sacrées chargées du culte du feu. Ainsi l'Atlantide a généré la plupart de nos rites, que l'évolution des idées, les usages, conséquences du climat, ont sans doute modifiés, transportés d'un plan sur un autre, mais non étouffés. Et il est curieux de constater que le principe des congrégations religieuses actuelles, basé sur le célibat, est d'origine atlante. Nos religieuses ne sont que les filles du soleil qui, selon l'ésotérisme, s'est incarné en Jésus, le Sauveur.

Le culte du soleil et son corollaire, le culte du feu, étaient la base de la religion. On avait institué des danses en l'honneur de l'astre-roi.

Cela consistait à mimer la marche du soleil à travers les constellations zodiacales. Des groupes de danseurs représentaient les signes et se costumaient en conséquence, qui en lion, qui en bélier, qui en écrevisse. Puis certains groupes symbolisaient le Printemps ; d'autres l'Été, d'autres l'Hiver. Ainsi, ils aimaient représenter ici-bas, en de naïves cérémonies, le grand mystère du ciel. D'ailleurs, nous retrouvons ces danses astronomiques dans les pays colonisés par les Atlantes. L'Égypte, l'Inde, la Grèce nous en ont conservé les vestiges. Les danses pittoresques de Java n'ont point d'autre origine. De même au Pérou : les Espagnols les y ont retrouvées dans toute leur splendeur. Il est intéressant de remarquer que, dans notre culte catholique, la procession du chemin de croix ressemble étrangement à ces antiques fêtes. Il y a douze stations comme il y avait douze signes. Devant chaque station l'on s'arrête, l'on chante, l'on prie, comme jadis à chaque signe l'on dansait une ronde spéciale. En somme cette procession n'est que l'ancien rite astronomique atlante, transmis aux catholiques par Ammonius Sacchas, prêtre égyptien. On ne fait que glorifier le Soleil, que symbolise Jésus, dans sa marche à travers le zodiaque : chaque station est l'expression d'un effort solaire luttant contre les ténèbres, opprimant la vie. La prière a seule remplacé la danse, car si autrefois la danse était une marque de respect, un témoignage d'adoration, elle est devenue de nos jours, aux yeux des prêtres catholiques, quelque chose de profane. La faute en est aux danses lubriques des Phéniciens, des Grecs, des Romains. Puis l'homme, évoluant, a compris que la méditation exprime mieux l'adoration que des rondes, fussent-elles gracieuses et pittoresques. Mais le fait n'en reste pas moins, et le rite astronomique du soleil, transmis aux Égyptiens par les Atlantes, a été adapté par eux au culte de Jésus et transposé en une procession solennelle.

Les Atlantes croyaient à l'immortalité de l'âme, à la résurrection des corps, à la béatitude d'un lieu céleste. Pour eux, après la mort, la vie continuait et l'âme revêtait de nouvelles formes. Elle allait sans cesse en évoluant, franchissant des multitudes d'étapes de vie, jusqu'à ce qu'enfin, redevenue lumière subtile, forme primitive, elle réintégrât la cause première. Il est peu probable que les Atlantes, dans leur belle période, aient cru à la réincarnation ici-bas. Cette théorie est purement indoue. Ils croyaient bien à la réincarnation, mais dans d'autres mondes et dans d'autres formes que des formes charnelles. Pour eux, l'âme habitait des corps de plus en plus subtils et devenait peu à peu, à mesure de son évolution, un ange, un archange, un séraphin. La religion des Incas et celle des Égyptiens nous révèlent ce dogme, surtout celle des Incas, qui est restée plus pure que celle d'Égypte, car cette dernière a été souvent modifiée et transformée par les apports théologiques des Noirs et des Blancs. Il est probable aussi que les Atlantes révéraient la mémoire de leurs ancêtres, mais quant à l'institution d'un culte en leur faveur, cela paraît douteux, car la tradition nous apprend qu'en Égypte et que dans l'Inde, il n'avait point, avant l'arrivée du Boréen Ram, de culte des ancêtres. Ce culte serait donc plutôt une innovation des Boréens et de Ram leur législateur.

Croyant à l'immortalité de l'âme, ils embaumaient leurs morts. Leur méthode était celle des Égyptiens. Ce qui le prouve, c'est l'identité de méthode employée par les Incas et par les Égyptiens. Ces deux races sœurs, qui s'ignoraient, avaient hérité toutes les deux des pratiques des Atlantes, leurs pères.

Il y avait bien encore d'autres cultes. La lune avait ses adorateurs ; il en était de même des autres astres. Toutes les planètes étaient révérées, non point comme des êtres autoritaires, des dieux bons ou méchants, mais comme des symboles de la force divine. Car à côté de l'astronomie, l'astrologie jouait un grand rôle. Les influences bonnes ou mauvaises de certains astres avaient été analysées. On révérait Saturne comme l'expression du principe fatal ici-bas, de même que l'on révérait Vénus comme l'expression du principe amour. Pour eux, l'influx solaire, se réfractant à travers Saturne pour agir sur la Terre, prenait un caractère fatal, maléfique. Tandis, que ce même influx, réfracté par Vénus, devenait bénéfique, par la douce impulsion amoureuse qui pousse deux êtres à s'aimer. Les Atlantes révéraient donc dans les astres des forces de la nature, dont certaines étaient bonnes et utilisables. Ils les appelaient des dieux, pour exprimer simplement leur puissance ici-bas et le néant de la volonté humaine à leur égard. Comme on le voit, cette religion était purement scientifique et pratique. Il n'y avait en elle aucun mysticisme. Elle était basée sur l'observation des faits. Rien d'imaginatif ou d'exalté. Elle ignorait les conceptions nébuleuses d'un indéfinissable paradis. Seulement, comme ces peuples primitifs étaient plus impressionnables que nous, plus portés vers la musique et le chant, plus artistes et plus poètes, par suite d'une communion plus directe avec l'âme d'une nature splendide, se révélant en des paysages grandioses, par un ciel magnifique et toujours bleu, par un climat très doux, ils aimaient à chanter leurs observations, et conter la science sous la forme d'allégories. Ils adoraient les symboles, les danses, toutes les cérémonies gracieuses et pittoresques, sachant que telle vérité, enchâssée dans un rite curieux, frappait mieux la mémoire qu'un texte pénible et abstrait. Le souvenir d'une fête vit longtemps. Il n'en est point de même d'une lecture. Les moindres détails d'une cérémonie, où l'esprit a été amusé, restent aussi mieux gravés que les détails d'une étude. Pour ceux qui savaient comprendre, ces cérémonies rappelaient toute une longue suite d'observations scientifiques, des travaux innombrables de savants. Aussi, le grand tort des modernes étudiant l'antiquité a-t-il été de ne voir dans ces rites religieux que des manifestations grossières de superstitions. Habitués au silence du cabinet, à nos méthodes abstraites, à nos minuties, de magnifiques bibliothèques, ils n'ont point compris que ces peuples artistes n'avaient pas de livres et que leurs livres étaient justement ces cérémonies religieuses. Leur enseignement était oral, et ils préféraient la causerie agréable, souple, aux livres pédants, mesquins, aux pensées claquemurées dans des phrases étroites. Puis, nos savants ne sont, point, pour la plupart, des artistes. Ils ne prisent pas le pittoresque et la beauté des choses. La sensibilité est morte en eux. Ils ne conçoivent que l'abstraction. Aussi sont-ils peu faits pour comprendre ces peuples poètes, ces peuples enfants, qui adoraient les allégories et les rites pittoresques. Voilà sans doute pourquoi l'on a tant dédaigné de nos jours la science antique et les religions du passé. On ne les a point comprises, car nous sommes les enfants d'un climat brumeux, d'une civilisation résultant d'une lutte âpre contre la nécessité. Tandis qu'eux étaient les fils d'un climat adorable, prédisposant à la rêverie. Ils ignoraient cette atroce emprise de la faim qui, de nos jours, nous force à quitter nos travaux, à négliger l'art pour un morceau de pain. La nature leur donnait tout en abondance. Ils avaient su ne point l'épuiser comme nous, qui voulons la transformer à notre gré.

Enfin, nous ne connaissons du passé que la période de décadence, en un mot, celle qui est la plus proche de nous. Nous oublions trop que tout peuple ici-bas à une enfance, une maturité, une vieillesse. Et l'idée que nous nous faisons d'un peuple mort porte trop l'empreinte de sa période de décrépitude. Nous nous plaisons plutôt à en analyser les tares, les superstitions, et cela dans un sentiment d'orgueil et de vanité intellectuelle.

C'est ce qui s'est passé pour les Atlantes : certains les ont prétendus fétichistes, d'une mentalité à peine supérieure à celle des Cafres. Mais n'a-t-on pas prétendu que les Égyptiens n'avaient adoré que les animaux ? Injure singulière pour un peuple essentiellement métaphysique ! Il y avait bien en effet, en Égypte, un culte idolâtre, mais ce culte n'a existé qu'à la période de déliquescence, où l'intelligence dégénérée, confondant les symboles, hantée de sadisme, s'est mise à divaguer.

Mais peut-être aucune religion n'a-t-elle suivi une marche plus singulière que la religion atlante. D'abord essentiellement scientifique, d'une métaphysique pure et élevée, elle a dégénéré peu à peu en un culte tout à fait sadique. Primitivement, on n'admettait dans les temples aucune image. Seuls, le disque solaire et le miroir magique trônaient sur l'autel. Puis l'image humaine vint s'y installer : ce fut le commencement de la décadence. On anthropomorphisa tous les symboles, toutes les allégories. Et la figure humaine, vint prendre la place des figures synthétiques. Puis les signes zodiacaux, les étoiles, qui à cause d'une vague ressemblance, ou d'un effet astrologique, sur une catégorie d'animaux, avaient pris le nom de chèvre, de lion, etc., furent aussi désormais figurés par les formes de ces animaux. Et ainsi s'installèrent sur les autels, au lieu des emblèmes de jadis, des images de lion, de chèvre, d'éléphant. Là d'ailleurs est l'origine de ce fameux idolâtre, que l'on s reproché aux Égyptiens. D'abord représentation symbolique, ces animaux, devinrent par la suite à leur tour des dieux ; comme si, dans notre culte catholique, le symbole du Saint-Esprit, figuré par la colombe, devenait dans la suite, perdant son sens ésotérique, l'adoration d'un esprit dégénéré. Et alors l'on adorerait les colombes comme des divinités.

Mais là où la religion atlante devint particulière dans sa déliquescence, ce fut dans l'adoration du moi. Déprimés par un matérialisme outré, devenus sceptiques, railleurs, ne comprenant plus le charme des allégories, la langue des symboles, et dégoûtés d'un culte idolâtre, les Atlantes remplacèrent la vieille religion scientifique par la religion de l'homme. Il y eut alors le culte de l'homme. On le plaça au-dessus de tout. Il devint le véritable dieu de la nature, et les Atlantes s'appelèrent fièrement les dieux. Et ce nom qu'ils s'étaient donné jette une lumière singulière sur les vieilles traditions des peuples européens lorsqu'elles parlent de dieux habitant la terre. Ces dieux n'étaient que les Atlantes et ils se faisaient adorer par les peuples sauvages, tels nous si, dans nos colonies, nous nous posions en divinités et si brusquement notre race disparaissait : alors notre souvenir se perpétuerait sous le nom de dieux !

Donc l'homme adora sa propre image. Les gens riches faisaient sculpter leur buste et, dans une chapelle, le plaçaient sur un autel. On construisit alors des temples vastes avec des multitudes de niches, pour loger les statues des habitants de la ville. On venait matin et soir s'adorer. On se brûlait des parfums, on s'encensait, on se récitait des prières, on s'implorait. Certains entretenaient même à grands frais des cortèges de prêtres chargés de célébrer leur culte et de les encenser tout le jour. Et ainsi l'on assistait dans les villes au spectacle étrange de gens passant leur temps à s'adorer. Mais dans les campagnes ce culte pour soi n'eut aucune force et là, la dégénérescence générale eut pour résultat l'adoration d'êtres fantasmagoriques créés par les imaginations. On adora les éléments qui révélaient la sorcellerie, des diables, des lutins, des esprits. On leur sacrifia l'honneur en des rites impurs. On souilla les autels du sang des enfants. Bref on institua des rites de débauche, et tout un peuple en rut se prosterna devant des boucs, des mélanges de femmes et d'animaux, des monstres. Le sabbat, les messes noires, toutes les inventions sadiques de notre moyen-âge, toutes les lubricités de nos temps modernes ont été générées durant cette période de décadence. Satan, Baphomet, et autres égrégores fantastiques enfantés par des esprits tournés au mal, sont les fils des conceptions maudites des Atlantes dégénérés. Et voilà pourquoi les sages Égyptiens et les peuples naïfs, atterrés de tant de vices, ont raconté que l'Atlantide s'est effondrée dans les flots par suite des mœurs impures de ses habitants. Ils ont vu dans la catastrophe le courroux céleste, la vengeance de la morale insultée.

Mais, même à la période la plus vile, la vieille religion s'était perpétuée. Elle subsistait dans des collèges d'Initiés. Ceux-ci continuaient son culte de symboles et les recherches métaphysiques. Mais comme ils étaient traqués par les magiciens noirs, par les prêtres des cultes maudits, ils ne transmettaient leur science que par une rude et pénible initiation. Dans les ténèbres des pyramides, dont l'entrée était dissimulée adroitement, le néophyte recevait l'initiation à la lueur des torches après des épreuves terribles. Il fallait qu'il se fût montré apte à braver la mort, les tortures, les douces séductions des femmes. Malheur à celui dont le courage vacillait au cours de ces épreuves, car l'épée lui tranchait la tête ou, enfermé dans le temple, il ne voyait plus la lumière du jour et passait sa vie à servir les autres. La morale de ces Initiés était pure. Elle était basée sur la solidarité, l'abnégation du moi au profit de la masse, l'évolution de l'intelligence et du cœur, la lutte contre l'égoïsme. Son but était de rétablir en Atlantide le règne de la paix, le règne de l'amour entre les hommes, d'étouffer la magie noire et ses rites impurs. Les femmes comme les hommes avaient accès à l'initiation. Les initiés se mariaient entre eux. Ils avaient établi des loges par toute l'Atlantide et, fièrement, disputaient le terrain moral pas à pas aux prêtres dégénérés. Mais, accablés par le nombre, trahis, ils émigrèrent dans les colonies et y fondèrent des loges. L'Égypte devint leur principal foyer. Ce fut là que s'installa le Grand Maître, 400.000 ans avant J. C. disent les Indous. Les grandes pyramides et le Sphinx furent leurs temples. Ils eurent des loges dans l'Inde, en Chine, en Chaldée, au Pérou, en Espagne, en Abyssinie. Ils essayèrent de répandre leur morale parmi les Noirs et les Jaunes, encore à l'état sauvage. Ils cherchèrent à les tirer de leur barbarie. Mais jusque dans les colonies les Magiciens noirs de l'Atlantide vinrent les poursuivre. Ils fondèrent, eux aussi, des loges ennemies un peu partout, établirent une initiation aux rites voluptueux, aux cérémonies sensuelles. Et, comme l'homme non évolué préfère à la moralité de l'esprit l'amoralité des sens, les Noirs accoururent aux cérémonies sadiques des Atlantes dégénérés qui flattaient leurs passions et leurs faisaient paraître plus douce la vie. Ainsi se contamina le monde et se répandirent les superstitions grossières qui de nos jours encore ont survécu : le culte des démons, des larves, le fétichisme bête, les rites immondes de Satan. En vain, les Initiés, fidèles à leur mission, cherchèrent à réagir. Ce fut de leurs loges que sortirent plus tard Ram, Moïse, Orphée, Krishna, Fo-hi, Jésus ; les doctrines indoues, chaldéennes, la Kabbale, la Gnose, le Mahométisme, le Mazdéisme, le culte des Incas, le Christianisme, la Franc-Maçonnerie, en un mot ce courant moral et purificateur dont le but est de régénérer l'homme, de transmuer son égoïsme en amour et de lutter contre l'autoritarisme. Des loges adverses, des magiciens noirs, sortit le courant contraire qui provoqua le schisme d'Irschou, les cultes assyriens, phéniciens, aztèques, civaïtes, les rites idolâtres des Nègres et des Polynésiens, les débauches des naturalistes grecs et romains, le sadisme des dégénérés du moyen-âge, les lubricités modernes des adeptes de la Voisin et de Vintras, le césarisme catholique des Borgias, enfin la morale arriviste actuelle des décadents, et notre gâchis international.

Ainsi, peu de personnes se doutent que la dualité entre l'amour et l'égoïsme, qui cause notre malheur moderne, a pris racine il y a 800.000 ans en Atlantide. Notre civilisation est le résultat de la lutte primitive entre les Initiés et les Magiciens noirs qui se sont disputés alors le monde. L'Égypte et l'Inde nous en donnent la clé et voilà le secret des Pyramides, le pourquoi des Initiations antiques dégénérées de nos jours en Franc-maçonnerie. L'Égypte, fille directe de l'Atlantide, devrait être considérée comme l'œuf d'où est né notre monde moderne avec son idéalisme et son bas matérialisme.

Donc le rôle de la magie a été grand en Atlantide. Mais la magie suppose une évolution scientifique considérable. Elle ne se borne pas, comme on le croit communément, à des pratiques de sorcellerie. La sorcellerie n'est qu'une application de la magie dans un but immoral et déterminé. La magie est la connaissance et le moyen d'utiliser pratiquement les forces psychiques de la nature. Elle met donc entre les mains de celui qui en possède l'art une puissance considérable, qui lui permettra d'évoluer ou d'involuer à son gré un objet de la nature qui dépend de ces forces. Ainsi la transmutation des métaux est un acte de magie. Or la connaissance de ces forces et leur utilisation, nécessitent l'étude approfondie des lois physiques de notre monde. Ce qui fiait que la chimie, la physique, la physiologie, l'anatomie, l'astronomie, la mécanique, tout le faisceau de sciences enfin qui est notre orgueil et dont nous revendiquons la paternité, étaient étudiées en Atlantide. Mais l'on n'étudiait pas seulement le côté physique de ces objets, mais encore leur côté métaphysique. Ainsi la botanique ne se bornait point à décrire les plantes, elle révélait aussi leurs vertus curatives, leurs effets physiologiques et psychiques, leurs relations enfin avec l'astrologie. En un mot, la magie nécessite l'étude synthétique de tout ce qui compose notre globe, au physique comme au psychique, afin d'en connaître les moindres lois et d'agir selon leurs données. Donc le magiste possède un pouvoir immense car, en se servant de certaines lois naturelles d'un coefficient de puissance plus grand que certaines autres, il peut agir sur ces dernières et modifier un état naturel, tant au physique qu'au psychique. Mais ce pouvoir peut agir en bien ou en mal. La volonté de l'homme, seule, en fixe le but. D'où la responsabilité du magiste et cette division de la magie en magie blanche et en magie noire. Sera blanche, la magie dont le but sera moral et évolutif non seulement pour l'individu, mais encore pour la collectivité. Sera noire, la magie dont le but sera oppressif, immoral et dont la résultante ne servira qu'à satisfaire l'égoïsme du magiste et ses passions. Ainsi l'hypnotisme, servant à guérir une habitude fâcheuse chez un individu, sera un acte de magie blanche, tandis que l'hypnotisme, servant à se faire donner de l'argent, un corps sans amour, sera un acte de magie noire et de sorcellerie.

Les Atlantes, arrivés au zénith de leur civilisation, étaient tous magistes. Ils connaissaient cet art et le pratiquaient dans un but noble et évolutif. Ainsi ils avaient découvert cette fameuse force psychique appelée par les uns vril, par les Hébreux aour, par les indus akasa, par les alchimistes éther, par les modernes astral, *od, âme intraatomique*. Ils connaissaient cette force mais, plus habiles que nous, savaient s'en servir. Grâce à elle, ils pratiquaient la transmutation des métaux, guérissaient des maladies. Ils s'en servaient comme force motrices comme moyen d'évaluer certaines plantes sauvages, certaines formes animales. Ce fut sans doute grâce à elle qu'ils parvinrent à domestiquer les animaux. En un mot, ils se servaient de la magie dans l'industrie, dans la culture, dans le moyen de faciliter l'intelligence des enfants rétifs, et ils guérissaient avec elle non seulement les maladies physiques mais encore les maladies morales. Et voilà pourquoi les traditions et les récits de Platon, de Plutarque, des prêtres égyptiens, des pandits indous, sont d'accord pour vanter les pouvoirs mystérieux et la puissance Occulte des Atlantes. D'ailleurs, les Mahatmas de l'Inde, les Fakirs, les Initiés égyptiens se disent encore de nos jours les seuls possesseurs des pouvoirs cultes des Atlantes, leurs ancêtres, des fameux Rutas.

Et voilà pourquoi les écoles hermétistes du passé et du présent, les alchimistes du Moyen-âge, nos modernes Rose-croix déclarent que la science est dans le passé et que nous devons essayer de rétablir la science des Rouges, que dans les chaos des révolutions nous avons perdue. Ils avaient, en un mot, le fameux arbre de science, le légendaire arbre de vie dont parlaient les Mages chaldéens, l'arbre sacré de l'Éden du bien et du mal et dont le fruit menaçait de rendre l'homme l'égal des dieux. Mais de même qu'Adam, les Atlantes mangèrent la pomme et ce, fut la chute. Moïse, dans sa fameuse légende du paradis terrestre, ne fait que conter cet épisode historique. L'Éden, c'est l'Atlantide ; l'arbre, la Magie ; Adam, les Atlantes ; Ève, leur imagination ; le Serpent, leur égoïsme. Conscients de leur pouvoir, certains Atlantes, poussés, par l'égoïsme et la cupidité, voulurent employer la magie dans un but personnel. Ils utilisèrent donc les forces psychiques pour accabler leurs frères. Ce fut l'origine de la magie noire, et cette pratique de la magie noire, s'étendant en raison directe de la décadence, causa la chute de l'Atlantide, en amenant le désordre dans les esprits, l'anarchie dans les institutions. Alors commença la lutte entre les Noirs et les Blancs, entre les initiés et les dégénérés : luttes terribles, car elles nécessitaient des dépenses formidables de forces psychiques, qui foudroyaient des villes. Et comme nous l'avons vu, les Blancs se réfugièrent dans les colonies et là encore se virent accablés par Caïn. La magie noire fut donc la cause de la dégénérescence des Atlantes, en leur permettant d'assouvir leurs passions et de ne vivre que pour leur égoïsme. Et voilà pourquoi la magie ne fut plus tard enseignée qu'en grand secret, et que la magie noire, appelée sorcellerie pour la distinguer de la blanche, fut prise en horreur par le peuples et les législateurs. Elle devint la science maudite, la science du diable.

Donc, les Atlantes étaient magistes. Cet art était enseigné dans les écoles. Elles étaient nombreuses et à la charge de l'État. Elles se divisaient en écoles primaires et en écoles supérieures. Les prêtres étaient les professeurs. Ces écoles étaient mixtes. En effet, la femme était considérée l'égale de l'homme et même supérieure à lui dans la production de la force psychique du vril. Femmes et hommes recevaient donc la même instruction et la même éducation. À douze ans, l'on était admis dans les écoles, mais l'instruction n'était nullement obligatoire. On ne se glorifiait point de savoir lire. D'ailleurs il y avait pour les paysans et les artisans, des écoles industrielles et agricoles, où seule la pratique était enseignée. À douze ans donc, l'on entrait à l'école et l'on était dirigé, là, selon ses facultés. L'enseignement n'était point uniforme. L'astrologie, la clairvoyance révélaient au professeur les capacités de l'élève et on l'instruisait en conséquence, cherchant à développer ses aptitudes et à en tirer le plus grand parti possible. On étudiait dans ces écoles l'astronomie, l'astrologie, la chimie, l'alchimie, les plantes et leurs propriétés curatives, le magnétisme, les mathématiques, la médecine, les pierres, les parfums. Celui qui sortait des écoles supérieures était un véritable mage, car le but principal de l'instruction des prêtres était de développer chez leur élève les facultés psychiques et de lui apprendre à manier les forces cachées de la nature, à se servir des propriétés occultes des plantes et des métaux. On développait en lui le fluide, la volonté, le vril, en un mot son pouvoir. Puis il était son propre médecin et le médecin des humbles, car il n'y avait point de corps médical. Chacun se soignait selon l'instruction reçue ou se faisait soigner par l'homme en qui il avait confiance. Dans les écoles spéciales, on apprenait à l'artisan la mécanique, la chasse, la pêche, au paysan l'agriculture. Ces dernières écoles furent très florissantes. Elles formèrent des sujets remarquables à qui l'on doit l'avoine, le seigle, les céréales en général, la transformation du plantain en bananier, la domestication des animaux et des croisements utiles. Nous avons fait sous ce rapport peu de progrès depuis les Atlantes. Nous en sommes les tributaires et il est à remarquer que, depuis 7.000 ans, il n'y a eu aucune domestication nouvelle. Les agriculteurs atlantes ont, grâce au vril, transformé des formes animales et domestique des animaux. Le cheval ne serait qu'un produit de leurs essais de transformation. Ils avaient domestiqué le lion, et les ancêtres des jaguars et des léopards. Ils s'en servaient comme bêtes de trait. Mais ces animaux retournaient à l'état de bête sauvage lorsque, par suite de la dégénérescence, le vril disparut chez les Atlantes. La volonté de l'homme ne s'était pas imposée à eux assez longtemps pour que l'hérédité transmît à leur race l'habitude du servage. Les agriculteurs atlantes employaient la chaleur artificielle et la lumière colorée pour hâter le développement des espèces et pour faciliter certains croisements de races. Ils avaient domestiqué ainsi certains animaux ressemblant aux tapirs et se nourrissant d'herbes : les ancêtres des chats et des chiens. Ils avaient des troupeaux d'élans et pour bêtes de trait des animaux transformés par eux et dont les lamas sont des descendants. Mais le cheval fut leur conquête préférée. Ils avaient des courses de chevaux. Il est probable aussi qu'ils connaissaient le cochon, la chèvre, le mouton. D'ailleurs le climat était très doux. C'était celui des Açores.

Mais toutes ces recherches furent interrompues par la décadence. Beaucoup de travaux furent ainsi perdus pour les héritiers des Atlantes et la belle instruction donnée au temps de l'apogée dégénéra en une éducation surtout physique et arriviste.

Les Atlantes avaient des bibliothèques et des livres. Ils connaissaient le papier mais se servaient de préférence de minces feuilles de métal dont la surface polie était pareille à de la porcelaine blanche. Ils reproduisaient un texte écrit par la gravure et constituaient des livres.

D'abord le toltèque fut la langue universelle. Les langues du Mexique et du Pérou sont lès restes de cette langue. Mais dans les colonies on parla tlavatli et rmoahal. Ces langues étaient agglutinantes. Le basque, l'étrusque, le guanche, et le mystérieux langage des Égyptiens primitifs ou voteau étaient des produits de ces langues combinées. D'où la similitude des langues basques et américaines ; de l'égyptien et du péruvien.

Les Atlantes étaient de grands navigateurs. Ils connaissaient la boussole. Leur flotte était nombreuse et puissante. Ils avaient des bateaux à voiles et des bateaux mécaniques mus par le vril, ou une force analogue mais plus dense. Les navires étaient armés. Ils connaissaient la poudre et employaient des explosifs puissants, détruisant par émanations de gaz délétères. Leurs bombes, lancées à l'aide de leviers, asphyxiaient en éclatant des bataillons entiers. Ils se servaient de lances, d'épées, d'arcs, de flèches, mais ignoraient nos fusils. La poudre ne leur servait que comme bombe et surtout pour effrayer les peuples naïfs. Voilà d'ailleurs pourquoi l'imagination des peuples les a représentés depuis maniant le tonnerre. Jupiter tonnant n'est qu'un roi : atlante. Ils avaient non seulement des bateaux marins, mais aussi des bateaux aériens. Ce moyen de locomotion était prodigieux et cette construction, au point de vue mécanique, merveilleuse. Voici ce que racontent à ce sujet les Sages indous :

En Atlantide, les esclaves allaient à pied, ou en chars traînés par des animaux étranges, des lions, des léopards. Mais, les riches avaient des machines volantes. Ces machines étaient coûteuses et d'une fabrication délicate. Elles ne contenaient guère plus de deux personnes. Il y en avait cependant de huit places. Seuls, les vaisseaux aériens de guerre transportaient 80 à 100 hommes. Ces machines étaient en bois et en métal. Le bois s'employait sous forme de planches très minces qui, imbibées d'une substance, leur donnaient, sans en augmenter le poids, la résistance du cuir et une légèreté particulière. Le métal employé était un alliage de deux métaux blancs et d'un rouge. Ce produit, était blanc, semblable à l'aluminium, mais plus léger. La charpente raboteuse du navire aérien était recouverte d'une épaisse feuille de ce métal qui en épousait la forme. On la soudait à l'électricité, car la surface de ces navires devait être parfaitement unie et sans soudure apparente. Ces navires brillaient dans l'obscurité comme enduits d'un produit lumineux. Ils étaient couverts, à cause des passagers qui auraient pu être précipités par la vitesse dans le vide.

Les instruments de direction et de propulsion étaient aux deux extrémités bateau. La force motrice était constituée par le vril, condensé en un accumulateur. On remplaça plus tard ce vril par une autre force de nature plus éthérique et générée d'une façon restée encore inconnue.

Voici la description du bateau qui servit au voyage des ambassadeurs envoyés par le roi régnant à Poséidonis, à un autre souverain.

Au centre du navire, une lourde caisse métallique constitue le générateur. De là, la force passe dans deux grands tubes flexibles, qui la dirigent aux deux extrémités du bateau, ainsi que dans huit tubes greffés sur ces deux principaux de l'avant et de l'arrière. Ces tubes ont une double rangée d'ouvertures dirigées verticalement vers le haut et vers le bas.

Au début du voyage, on ouvre les soupapes des huit tubes bouchant les ouvertures dirigées vers le bas. Les ouvertures regardant le ciel restent fermées. Alors le courant, s'échappant avec force, vient frapper la terre et détermine l'élévation du bateau dans l'espace. Lorsque la hauteur suffisante est atteinte, on dirige le tube flexible placé à l'extrémité du bateau vers le point à atteindre. On le met en mouvement, tandis que, par une demi-fermeture des soupapes des huit tubes, le courant se trouve réduit de manière à ce que la hauteur soit maintenue. Alors la plus grande partie du courant dirigée dans le tube principal aboutit à, l'arrière du bateau où ce tube dirigé vers le bas, forme un angle de 45 degrés. La propulsion est due au recul occasionné par la force s'échappant, et le bateau avance. On le gouverne en expulsant plus ou moins fortement le courant à travers le tube, car le moindre changement dans la direction de ce dernier influence la marche. Le maximum de vitesse est de cent milles à l'heure. Pour arrêter le bateau, on laisse échapper le courant par le tube placé à l'extrémité du bateau, qui est alors dirigé vers le point d'arrivée, et on diminue graduellement la force de propulsion.

Telle est la description du bateau aérien des ambassadeurs de Poséidonis, d'après les Indous. Ces navires n'allaient jamais en ligne droite. Ils ondulaient. Ils marchaient à une hauteur atteignant quelques centaines de pieds seulement, car ils ne pouvaient dépasser mille pieds, l'air raréfié n'offrant plus de point d'appui suffisant. Ils contournaient donc les montagnes.

Les Atlantes avaient une flotte aérienne plus puissante que la flotte marine. Ces navire s'attaquaient dans les airs et cherchaient à se culbuter. Ils disparurent à mesure que dégénérait la civilisation atlante, car la forcie motrice nécessitait, pour être produite, une intelligence et un savoir que la routine peu à peu avait amoindris. Aussi ces navires, vers la fin de l'Atlantide, ne marchaient plus faute de force motrice, de vril.

Ce récit indou nous a paru fantaisiste. Ce mode de propulsion dû au vril dépasse nos conceptions. Et cependant le vril n'était qu'une force analogue à l'électricité. Le présent nous démontre que la légende indoue était basée sur une certitude, et nous avons des aéroplanes mus par une force analogue au vril.

L'industrie des Atlantes était prospère. Leurs mines étaient exploitées. Ils allaient en Amérique chercher le cuivre, aux environs du lac Supérieur. Ils sont les inventeurs du bronze et ce sont eux qui ont les premiers fabriqué l'acier. Quant à l'or et l'argent, d'abord tirés des mines du Pérou, ces métaux furent dans la suite fabriqués chimiquement. Aussi, ils n'avaient aucune valeur précieuse et n'étaient employés que dans la décoration des maisons : et des temples. Ils connaissaient aussi un autre métal, que Platon appelle Aurichalque. Était-il, lui aussi, dû à la transmutation ou exploité dans des mines localisées en Atlantide ? On ne sait. Mais ce métal a disparu avec la civilisation atlante, ne laissant qu'un souvenir de sa merveilleuse beauté. Les Atlantes étaient donc des métallurgistes remarquables. Ce sont eux qui ont apporté dans leurs colonies européennes le bronze et qui l'ont vendu aux peuples encore barbares qui ne se servaient que de la pierre polie. Et voilà pourquoi l'anthropologie nous montre ce fait stupéfiant d'un âge de bronze succédant dans nos pays à un âge de pierre sans les âges transitoires nécessaires du cuivre et de l'étain. Pour arriver au bronze, il fallait cependant passer par ces deux étapes, car le bronze nécessite ; tout un long passé de recherches, de tâtonnements. Seule l'Atlantide nous donne la clé de ce mystère. Les âges de l'étain et du cuivre ont évolué chez elle et le bronze, qui en est le résultat, a été transmis par eux à nos ancêtres européens. D'ailleurs, la découverte en Amérique, aux abords des Grands Lacs, d'une civilisation préhistorique employant exclusivement le cuivre, vient confirmer ce fait, en ce sens que cette partie de l'Amérique était, il y a un million d'années, une presqu'île du continent Atlantide.

Ils avaient des fabriques d'étoffes de laine et de coton, des poteries et des endroits où l'on préparait le tabac, car cette plante a été cultivée par les Atlantes, qui fumaient beaucoup, dans des pipes de cuivre et de terre.

Leur commerce était prospère et ce furent les premiers commerçants du monde. Leurs colonies ne furent primitivement que des comptoirs et ils avaient une véritable flotte marchande. Mais chacun ne commerçait point pour son compte, exploitant un terrain ou une industrie afin d'en vendre les produits, tels les commerçants de nos jours. Le commerce n'avait lieu que sur l'excès des produits, d'après distribution des parts revenant à chacun de la production totale. En un mot, on commençait, chaque année, par distribuer aux habitants de l'Atlantide ce qui était nécessaire à leurs besoins, et seulement le surplus de la production était livré au commerce et expédié dans les colonies. Aussi il n'y avait point dans les rues, comme de nos jours, des boutiques où s'étalaient à la devanture une multitude d'objets. Il n'y avait que des endroits fermés, des chambres, où l'on opérait des transactions, en un mot, des bourses. Dans ces endroits, on échangeait, on commerçait et la loi de l'offre et de la demande réglait ces sortes de marchés. Cependant, à certaines époques de l'année, il y avait de grandes foires, où les colons envoyaient les produits des colonies et où l'on exposait les productions nouvelles. Ces foires étaient à la fois des lieux de transaction et des lieux de réjouissance. On y exhibait des animaux expédiés des colonies, des sauvages, ramenés d'Europe, d'Asie où d'Afrique et dont les coutumes, les bizarreries, faisaient la joie des Atlantes et provoquaient, leur hilarité.

Leur système monétaire était des plus curieux. Leur monnaie consistait en un petit morceau de métal ou de cuir, perforé au centre. Ces disques enfilés dans une lanière formaient un chapelet que l'on suspendait d'habitude soit au cou, soit à la ceinture. Cette monnaie avait une valeur purement fictive. Elle était conventionnelle et analogue à notre billet de banque. En effet, chacun fabriquait sa monnaie selon un type convenu et réglementé par une loi, mais on ne pouvait en fabriquer plus que la valeur réelle de ses biens. En somme, cette monnaie représentait les biens en nature de celui qui la possédait. Elle en était l'équivalence d'un dépôt d'or. De plus, tel notre billet à ordre, c'était une reconnaissance d'échanger à jour dit tel objet contre tel autre. Ce système monétaire reposait sur la sincérité des trafiquants. Il supposait une élévation morale très grande pour fonctionner, car toute dissimulation aurait entraîné dans les transactions une grave perturbation. En effet, il fallait que celui qui fabriquait sa monnaie eût une solidité morale suffisante pour ne point abuser de sa facilité d'émission en faisant circuler une valeur fictive double ou triple de la valeur réelle de ses biens. Il faut dire que l'éducation atlante développait chez les individus la clairvoyance, faculté psychique merveilleuse qui permettait de se rendre compte des états d'âme d'un être. De cette façon, il aurait été difficile de dissimuler et l'on avait intérêt à répondre à la franchise par la franchise. Mais ce fut justement parce que ce système économique nécessitait un esprit droit et scrupuleux qu'il périclita lorsque commença la décadence. Le désir, engendrant la cupidité, provoqua une émission fantastique de monnaie qui n'était plus en raison directe de la valeur réelle des biens. Puis à mesure que le corps reprenait ses droits sur l'esprit dans l'éducation, que la bête terrassait l'âme, que tout se matérialisait, devenait passionnel et vicieux, la faculté de clairvoyance diminua de plus en plus. Alors ce furent les ténèbres, le chaos économique et, au temps de Poséidonis, lorsque les esprits émus par la catastrophe de 80.000 ans, essayèrent de réagir, on institua un nouveau système monétaire, basé comme le nôtre sur la valeur intrinsèque de certains métaux, et l'État se réserva le droit de frapper des monnaies analogues aux nôtres, des pièces où l'on voyait gravée comme effigie une montagne triple. Cette montagne était celle qui dominait la capitale de l'Atlantide, Cerné, la ville aux portes d'or, montagne prodigieusement haute et que l'on apercevait de très loin en mer, jaillissant des eaux comme un trident. D'ailleurs, c'est là l'origine de la représentation du Dieu Neptune, symbole de l'Atlantide avec un trident. Ce sont les Atlantes qui ont transmis aux Chinois et aux Indous l'art de frapper la monnaie et Gypses n'a fait qu'emprunter à ces peuples son système monétaire. La collection numismatique de l'empereur chinois Kang-Hi en témoigne. On y trouve des monnaies du temps de Ya et de la période atlante. D'ailleurs certaines monnaies indiennes ont conservé comme frappe, la triple montagne symbolique du pays d'Atlan ou d'Atzlan d'où, disent les traditions indiennes, sont venus les peuples d'Amérique.

La femme était considérée, au foyer, comme l'égale de l'homme. On lui reconnaissait même une supériorité réelle dans la production des forces psychiques. Elle n'était point exclue du gouvernement. Elle pouvait être prêtresse, membre des conseils, préfet, gouverneur de province. En somme, elle était assimilée à l'homme dans la vie publique et partageait son instruction et son éducation. La polygamie existait cependant au foyer. Durant la belle période toltèque, elle se réduisit dans la possession de deux ou trois femmes, mais pendant la décadence, elle battit son plein et le nombre des femmes augmenta. Il y eut cependant monogamie dans les classes supérieures, lorsque la civilisation toltèque atteignit son apogée et principalement chez les prêtres, car ceux-ci, se basant sur l'unité, considéraient la femme comme le complément de l'homme : une moitié de l'unité. Cependant, lorsqu'il y eut polygamie, il n'y eut point de harem. Les femmes se partageaient la besogne au foyer et vivaient en harmonie. Elles se considéraient comme des sœurs unies dans un même amour pour leur mari. D'ailleurs toute une longue éducation et l'hérédité, les prédisposaient à cette conception du partage de l'amour. C'était pour elles un fait naturel et, loin de se jalouser, elles se soutenaient et s'aidaient. Moïse d'ailleurs n'a fait que s'inspirer des Atlantes, en permettant d'épouser trois femmes. La loi primitive égyptienne le permettait aussi. Mais il se passa dans l'histoire du mariage un fait curieux chez le peuple touranien. Celui-ci voulut établir à un moment le communisme. Opprimé par les Toltèques, ce peuple, comprenant qu'il ne pourrait résister à son ennemi mieux armé que par le nombre, établit le principe de l'État père de famille. Les enfants furent donnés à l'État qui les éleva lui-même, et le mariage devint l'union libre. Mais ce régime, entraînant la disparition du foyer, l'abolition de la famille détraqua l'organisme social, en favorisant l'égoïsme et l'individualisme. L'enfant, ne reconnaissant plus de lien de parenté, grandit n'ayant pour but que lui-même et sans aucun respect pour autrui. Il devint l'enfant naturel, concentré, replié sur lui-même qui, ne trouvant point à développer normalement ce besoin de tendresse et d'amour inclus dans la nature humaine, ne voit dans son prochain qu'un ennemi. Son esprit est hanté de désespoir et la cruauté, le nervosisme, la folie sont les conséquences de cet état lorsque l'âme est faible ; ou lorsqu'elle est forte, la conséquence est une longue souffrance dans la vie ; une vague mélancolie qui dégénère en langueur et paralyse l'action. Aussi les Touraniens reconnurent bientôt leur erreur. Ils abandonnèrent ce système communiste et rétablirent l'ancien mariage par des lois : sévères et étroites. Ainsi cette expérience que certains modernes ont voulu tenter, le peuple atlante Touranien l'a tenté il y a 80.000 ans.

Il y eut des régiments de femmes. Les épouses accompagnaient leur mari à la guerre et à la chasse. On chassait le mammouth, les éléphants, les hippopotames et de grands marsupiaux à demi reptiles, à demi oiseaux.

La circoncision était pratiquée. L'emploi en avait été prescrit à la suite de maladies vénériennes qui décimaient la population. La syphilis en effet nous a été léguée par l'Atlantide. Voilà pourquoi, dans les colonies atlantes, la circoncision était si sévèrement pratiquée. On voulait empêcher le fléau de pénétrer en Asie et en Europe. On y parvint en effet. Seules les colonies américaines étaient contaminées et voilà comment Colomb rapporta, avec la découverte de l'Amérique, le fléau atlante qui florissait chez leurs descendants américains.

Les Atlantes buvaient du sang et dédaignaient la chair de porc à cause de la trichine. Le sang était un mets favori. Ils en préparaient différents plats.

Ils rejetaient la chair que nous mangeons et, mangeaient les parties que nous rejetons. Ils aimaient le poisson, mais une fois décomposé. Ils ne mangeaient aussi que de la viande très faisandée. À part cela, ils consommaient du pain, des gâteaux, du lait, des fruits, des légumes. Ils ignoraient les boissons fortes. Ils avaient cependant trouvé une liqueur fermentée d'un goût agréable. Mais son usage, se répandant, causa de tels désordres qu'une loi en interdit l'usage sous peine de mort. L'alimentation variait avec les classes. Le roi, les prêtres et les initiés étaient végétariens. Ceux-ci, d'ailleurs monogames, suivaient des préceptes hygiéniques rigoureux. La loi de Moïse nous en donne un aperçu. Ils formaient dans la société une société à part. Ils avaient leurs cours, leurs juges, leurs temples, leur mines, leurs fonderies, leurs ateliers, leurs aqueducs, leurs vaisseaux, leurs processions, leurs bannières, leurs riches arches.

Le principe économique qui constituait la base de l'état était le suivant. La terre appartenait à l'empereur, au roi, au chef militaire suivant le pays ou la race. L'empereur était donc le propriétaire de tout. L'empire était divisé en provinces. Dans chaque province un roi représentait l'empereur. Il était assisté d'un vice-roi et d'un conseil agricole comprenant les actifs, c'est-à-dire les agriculteurs choisis par voix d'élection et les sociétaires, qui étaient des astronomes, des savants, des chimistes. Le roi était responsable du bien-être de sa province. Il surveillait la culture, la moisson, les troupeaux, et présidait les expériences agricoles. Les sociétaires cherchaient de nouvelles méthodes, essayaient des croisements, calculaient le temps, les influences de la lune, les probabilités météorologiques et savaient produire la pluie. Lorsque la moisson était faite, on distribuait aux habitants leur part de denrées. Ce partage était proportionnel à l'effort donné. Le gouvernement avait la moitié de la production, le cultivateur l'autre moitié. Ainsi chacun avait sa part et il n'y avait point de pauvres, car les vieillards étaient nourris sur la part de, l'État. De cette façon, les produits étaient consommés sur place par les producteurs. La part de l'État était partagée entre l'empereur et les prêtres. L'empereur avait à sa charge les fonctionnaires, l'armée, les routes. Le clergé se chargeait de l'éducation du peuple, des malades, des monuments et de l'entretien de tout habitant qui, ayant atteint quarante-cinq ans, était dispensé de travail. Car la retraite était chose connue en Atlantide, et le travailleur avait le droit de se reposer à quarante-cinq ans. Il était alors nourri aux frais de tous. Lorsque la production dépassait les besoins, on centralisait les produits dans les villes, et les, rois et les vice-rois échangeaient entre eux ces produits. C'était là le premier acte de commerce. Puis, le surplus de ces produits était livré au commerce local et international, lorsqu'on avait l'assurance que chaque habitant de l'Atlantide était satisfait. Les riches pouvaient alors seulement acheter un surplus et l'on exportait le reste. Ainsi tout le monde avait l'assurance de vivre et de voir ses besoins satisfaits. Les échanges entre rois gouvernant les provinces empêchaient que telle partie de l'Atlantide souffrît tandis que telle autre prospérait. Le partage était équitable et à base communiste. La loi du libre échange se développait dans toute sa vigueur. Cette forme économique est simple et belle. Elle supprime le paupérisme et la fameuse lutte entre le travail et le capital de nos temps modernes. Pas de miséreux au sens propre du mot. Sans doute il y avait des riches et des pauvres. Mais les pauvres n'étaient que ceux qui savaient se contenter de peu et qui donnaient un effort minime dans la production. Ils travaillaient juste pour se nourrir, préférant le doux farniente à la richesse, résultat d'un effort plus grand. Les riches étaient au contraire ceux qui, travaillant beaucoup, récoltaient beaucoup. Personne en un mot ne mourait de faim et tout le monde avait l'assurance qu'au foyer femmes et enfants auraient leur pitance.

Avec la décadence, cette belle organisation dégénéra. Cette conception du partage était basée sur une morale sévère, une conscience stricte, une honnêteté à toute épreuve Aussi, dès que l'individualisme empoisonna les âmes et déchaîna dans les cœurs la cupidité, l'égoïsme, le goût de la paresse et du luxe, la morale en s'affaiblissant porta la perturbation dans ce système économique. Chacun voulut avoir la grosse part. Le moi remplaça le tous. La répartition ne fut plus proportionnelle à l'effort donné. Le bon plaisir et les procédés des magiciens noirs remplacèrent l'honnêteté. L'avarice naquit et le faible devint le misérable, Alors l'angoisse de ce chaos se répandit dans les cœurs et les luttes de classes commencèrent, l'éternel combat du loup et de l'agneau. Chacun voulut tondre à son tour et non partager. Et cela dégénéra en l'esclavage des uns, en la tonitruante richesse des autres et le culte de l'or et du moi remplaça le culte chaste des antiques symboles des vertus de l'âme.

Mais dans les colonies ce système économique persista, principalement au Pérou, où il fut la base d'une prospérité qu'envièrent les Espagnols. Nous retrouvons là l'Inca tenant la place de l'empereur. Il partage la terre avec le cultivateur, et sa moitié, il la partage à son tour avec le clergé. Pas de misérables. Partage proportionnel à l'effort. Et l'Inca garde à sa charge l'armé, les routes, laissant au clergé le soin de l'éducation, l'entretien des hôpitaux et des retraites. En Asie et en Europe, ce système fut remis en vigueur par Ram dans l'empire du bélier. Mais il dégénéra bien vite par suite de la contamination que les peuples noirs avaient subies au contact des magiciens noirs atlantes. Cependant, en Afrique, ce système économique se perpétue de nos jours dans certaines tribus Peules, aux environs du lac Tchad. Plusieurs de nos explorateurs modernes ont assisté avec étonnement à ces partages communistes. Il faut dire que les Peules sont des descendants des Atlantes, abâtardis par un fort mélange avec les types nègres.

Les Atlantes avaient des ingénieurs de première force. Leurs routes étaient fort belles, très longues et pavées de larges dalles. Elles sillonnaient non seulement l'Atlantide mais ses colonies. On peut en voir des vestiges au Pérou, où les voies atlantes, entretenues par les Incas, servent encore et font l'admiration de nos ingénieurs modernes. Ils savaient aussi construire des aqueducs énormes et longs de plusieurs centaines de kilomètres, afin de transporter l'eau dans les villes. Leurs travaux, dont les ruines subsistent au Pérou, nous apparaissent comme des œuvres de géants. Rien ne les arrêtait. Ils passaient par dessus les montagnes, franchissaient les vallées. L'Amérique revendique la paternité de travaux analogues, mais en ont puisé la conception dans l'architecture atlante. Il semblerait que l'air d'Amérique, encore imprégné des idées gigantesques du peuple disparu ait inspiré nos ingénieurs modernes et leur fasse rêver de construire des choses formidables à l'égal des Atlantes.

Leur architecture avait des proportions gigantesques. Ils construisaient des temples formidables, des pyramides géantes, des statues grandioses, des tours dont la grande hauteur semblait menacer le ciel. L'art égyptien est l'enfant de l'art atlante. Il procède des mêmes conceptions, mais il est plus humain et de dimensions moindres.

L'art égyptien est la miniature de l'art atlante et les temples cependant vastes, ses obélisques ne sont que des jouets à côté de ceux de l'Atlantide. Néanmoins on peut se faire une idée, à la vue des ruines de Karnak, des temples de Thèbes et de Memphis, des conceptions esthétiques des Atlantes. D'ailleurs la grande pyramide et le grand sphinx ont été construits par les Atlantes eux-mêmes. Au Pérou, les ruines de Quito donnent la même impression de gigantesque. Elles ressemblent aux ruines égyptiennes, car Égypte et Pérou sont les héritiers de l'art atlante. La Cathédrale de Paris tiendrait, paraît-il, dans une des salles de Karnak sans que sa flèche en touchât le plafond. Cette architecture était massive et ne connaissait point la frêle élégance de nos constructions modernes. Il semblerait que ces peuples, ayant sous les yeux de grandes montagnes, des immensités boisées, aient voulu, dans, leur art, donner l'impression du grandiose qu'ils avaient ressentie en face de la nature. Ils voulaient créer à l'image de Dieu ; leur contemplation du ciel, leur avait donné le goût de l'infiniment grand.

Le temple était donc immense. Certains chevauchaient des collines, ils se composaient de salles gigantesques, au plafond soutenu par des piliers carrés, et ces salles étaient subdivisées en chapelles où, sur des autels, brillaient des symboles astrologiques. Des tourelles nombreuses surmontées de dômes jaillissaient de ces temples vers le ciel. Ces tourelles servaient au culte du soleil. C'était là que, chaque matin et chaque soir, lorsque le soleil naît puis meurt après le sacrifice accompli du jour, montaient des prêtres pour saluer l'astre naissant ou l'astre mourant. Ils récitaient dès prières, faisaient brûler de l'encens, psalmodiaient des litanies, se répondant d'une tour à l'autre, tandis que, très doucement, carillonnaient des cloches et que dans l'air erraient des plaintes vagues d'instruments de musique et des chants de prêtresses agenouillées dans les cours et dans les jardins. Alors toute la ville était en prière, car de chaque maison privée jaillissait également une tourelle, où le maître, sa femme, ses enfants montaient réciter matin et soir les prières au soleil ! L'Angélus n'est qu'un vestige de ce rite. Il en est de même de l'habitude orientale des Musulmans de monter matin et soir saluer Allah du haut de la mosquée.

Il y avait dans ces temples une tour plus massive et plus importante. Elle servait d'observatoire. C'était là que les prêtres observaient la nuit le cours des astres. La ziggurat des mages de Chaldée n'est autre chose que la survivance de cet observatoire.

Ces temples étaient accompagnés de jardins splendides et enchâssaient des cours, où dans des bassins jaillissaient des fontaines. C'était là que les prêtres et les prêtresses venaient faire leurs ablutions et que l'on baptisait les nouveau-nés. Et après ces bains, on s'oignait de parfums, tandis que l'on chantait la gloire de l'âme régénérée par ce bain symbolique, tel chaque matin le soleil sortait régénéré de l'azur toujours mère, toujours vierge, du grand ciel liquide...

Les murailles, de ces temples étaient incrustées d'or, d'argent, d'aurichalque. Ces métaux, étant fabriqués chimiquement, ne servaient que dans les arts à cause de leur peu de consistance. L'or était voué au soleil, l'argent à la lune. Aussi, lorsqu'on entrait dans ces temples, l'on était ébloui surtout le matin, car les ouvertures étaient disposées de telle façon que les premiers rayons solaires pussent pénétrer sans difficulté dans les salles et allumer sur les autels, dans les miroirs magiques, dans les disques d'or symbolisant le soleil, une multitude de feux. C'était là qu'en décembre, lorsque le soleil paraissait mourir accablé par l'hiver, qu'un peuple en deuil se pressait, attendant avec impatience la résurrection de l'astre-roi. Lorsqu'il ressuscitait, nouveau messie, victorieux dans sa lutte contre la fatalité, on criait : nouveau salut, nouvelle gloire, noël ! noël ! Alors on chantait et c'étaient des processions, des cortèges de prêtres et de prêtresses psalmodiant au milieu des nuages gris des parfums brûlant dans les vases sacrés. On illuminait le temple, et l'on défilait dans la ville avec des bannières, des branches vertes d'olivier, du feuillage de gui. Puis l'on dansait la marche du soleil à travers le zodiaque en acclamant la loi nouvelle de l'année, aux doux murmures des flûtes, des tambourins, des instruments à cordes, que rehaussait parfois l'éclat tonitruant de cymbales en cuivre et de trompettes.

Il y avait une multitude de statues dans ces temples, car la sculpture, de même que la peinture, était enseignée dans les écoles atlantes. La sculpture avait atteint un degré de perfection bien supérieur à celui de la peinture. D'ailleurs, l'art statuaire égyptien procède des écoles d'Atlantide. Et l'on sait les merveilles que la sculpture a données en Égypte. Le Scribe accroupi du Louvre en témoigne. Donc la sculpture avait atteint son maximum d'expression en Atlantide. On sculptait des hommes et des animaux. Mais on excellait surtout dans la reproduction des animaux. L'art assyrien, si fameux par sa Lionne blessée, est l'héritier de ces dispositions à la sculpture animalière. Les mages de Chaldée, en perpétuant artistiques atlantes, ont été les initiateurs des Assyriens. Il en est de même des Grecs. Leur sculpture réaliste est fille de celle d'Égypte. Elle leur a été enseignée par Orphée, initié d'Osiris, compagnon d'études de

Moïse, et Orphée tenait sa science des traditions artistiques atlantes conservées dans les sanctuaires égyptiens.

Donc, notre art moderne procède de l'art atlante. L'Égypte, en en recueillant fidèlement la tradition, a été notre initiatrice. Il est curieux de remarquer que, tandis que l'art sorti d'Égypte évoluait en Grèce et en Assyrie sur le plan réaliste, il évoluait dans l'Inde sous l'influence de l'art imagé des noirs, en art symbolique et décoratif, pour atteindre au Japon son maximum d'expression décorative et symbolique.

Ces statues atlantes étaient en argent, en or, en aurichalque, en pierres rares. Elles représentaient des hommes et des animaux. Mais beaucoup de sculpteurs, préoccupés de donner un sens symbolique à leurs œuvres, de traduire par la pierre une idée philosophique, conçurent des êtres fantastiques, moitié hommes, moitié animaux, dont le sphinx est le produit. Toutes les sculptures égyptiennes de dieux à tête d'animaux, à corps d'homme, tout l'art fantasmagorique assyrien aux Kheroubs ailés, aux taureaux à tête d'homme, aux hommes poissons, découlent de ce principe atlante que l'art doit symboliser une idée et la traduire dans ses formes. Ainsi le Sphinx d'Égypte, ce rejeton de l'art atlante que les siècles n'ont point consommé, symbolise les qualités que l'homme idéal doit avoir : VOLONTÉ exprimée par la tête d'homme ; ACTION exprimée par les pattes du lion ; RÉSISTANCE exprimée : par le corps du taureau ; PENSÉE exprimée par les ailes de l'aigle. Ainsi la sculpture n'était point pour les Atlantes un art purement de forme mais aussi un art de pensée.

Chaque autel était orné de statues. C'était devant celle du grand juge que l'on devait se confesser de ses fautes et faire pénitence, car la confession était un rite pratiqué chez les Atlantes, de même que la communion. On communiait devant l'image du soleil, voulant exprimer par là cette pensée qu'en mangeant du pain et qu'en buvant du vin, tous les deux produits de la terre enfantés par le soleil, on se reconnaissait soi-même fils du soleil, partie intégrante de son âme et on saluait en lui le grand générateur de vie, celui dont le rayon nourrit l'homme sous la forme des espèces.

La peinture était surtout décorative. Elle était allégorique. Les couleurs en étaient vives. On peignait les murs, les tombeaux et les statues. Mais l'art pictural ne fut jamais bien développé. On peut s'en rendre compte par les peintures décoratives, qui ornent les temples péruviens et égyptiens. En revanche la gravure fut très florissante. On gravait des pierres dures et des cylindres, les instruments usuels, l'or, l'argent, l'aurichalque. Quant à l'art décoratif proprement dit, il fut lui aussi très prospère.

Le moindre objet était sculpté et orné : les peignes, les cuillers, les manches d'instruments de musique et d'instruments de travail. L'art décoratif égyptien et assyrien, si minutieux et si joli, est le dérivé de l'art atlante. Car les femmes étaient coquettes. Ce défaut ne date pas de nos jours. Elles aimaient les parures, les bijoux, les parfums, les belles étoffes. Aussi l'art industriel fut très développé et il est probable que les Atlantes connurent la soie. En tous les cas, ils avaient pour teindre les étoffes un procédé qu'ils transmirent aux Égyptiens et que de nos jours nous avons perdu. Ce procédé était merveilleux et donnait aux étoffes un éclat et une fraîcheur que n'amortissaient point les années. Les étoffes égyptiennes trouvées dans les tombeaux le témoignent et nous étonnent encore par la vivacité de leurs couleurs.

L'habitation atlante était composée de quatre bâtiments entourant une cour centrale. Dans cette cour jaillissait une fontaine, car les Atlantes aimaient l'eau. Aussi leur capitale, à cause de la multitude des fontaines que l'on y trouvait, avait été surnommée la Ville des Eaux. La caractéristique de ces maisons était la tour qui s'élevait à l'un des coins des bâtiments. Cette tour était couronnée d'un dôme pointu. Un escalier extérieur en spirale donnait accès au sommet. C'était là, comme nous l'avons vu, que matin et soir les gens de la maison montaient pour saluer le soleil et réciter les litanies, se répondant d'une tour à l'autre. Ils recevaient, la bénédiction des prêtres qui, montés sur les tours des temples, plus hautes, les bénissaient ayant en mains la croix, symbole de la résurrection du soleil. Car la croix est le symbole atlante de l'immortalité de l'âme.

Ces maisons étaient construites en pierre rouge, blanche ou noire. Elles étaient peintes de brillantes couleurs et ornées de fresques et de sculptures. Les baies des fenêtres étaient remplies par une substance analogue au verre, mais moins transparente.

Des jardins entouraient ces maisons, des jardins merveilleux, avec des orangers et des tapis de fleurs. C'était là que se réunissaient les femmes pour broder et coudre, tout en fumant, car le tabac était en grand honneur en Atlantide. D'abord réservé aux prêtres et employé dans les cérémonies comme parfum ayant une vertu reconnue pour porter à la rêverie et à l'extase, le tabac se répandit bientôt dans toutes les classes. Hommes et femmes fumaient la pipe. Ces pipes étaient sculptées. Certaines représentaient des éléphants. Et voilà comment on a retrouvé en Irlande des pipes appartenant à l'âge de pierre et de bronze et sculptées en forme d'éléphant. Ce mystère qui intrigue nos modernes devient des plus explicites lorsque l'on sait que l'Irlande a été une presqu'île de l'Atlantide. Des pipes en forme d'éléphant ont été retrouvées aussi en Amérique et datant d'une époque où l'éléphant n'existait plus dans cette région. Ces pipes provenaient de l'Atlantide.

Les maisons étaient donc toutes entourées de jardins. Elles étaient peu hautes et n'étaient point tassées les unes contre les autres comme dans nos villes modernes. Les Atlantes aimaient l'air, les arbres et c'est ce qui explique la surface gigantesque qu'occupaient leurs villes.

Leur capitale était Cerné, ou la Ville aux portes d'or. Elle était située au bord de la mer, sur la côte orientale, à quinze degrés environ de l'Équateur. Elle était construite sur la pente d'une colline haute de 500 mètres et descendait en gradins vers l'Océan. Une contrée boisée l'entourait et c'était là que les riches avaient fait construire leurs villas et leurs résidences de chasses. Elle était dominée à l'Ouest par une majestueuse chaîne de montagnes, très haute et surmontée de trois pics qui se découpaient sur le ciel comme un fantastique trident.

Au sommet de la colline, s'élevait le palais de l'Empereur, entouré de vastes jardins au centre desquels un torrent jaillissait. Ce torrent arrosait les fontaines du palais puis, se divisant en quatre cours d'eau, il s'en allait alimenter les quatre coins de la ville et conduisait les eaux dans les moindres recoins par des canaux secondaires. Il y avait quatre grands canaux : trois circulaires divisant la ville en trois zones distinctes et un rectangulaire qui recueillait les eaux des canaux adjacents après leur course à travers la ville et les conduisait à la mer. Ce réseau fluvial était long de douze milles et couvrait une surface de dix milles carrés. Ainsi pas un quartier de la ville n'était privé d'eau et tous les jardins étaient arrosés, pourvus de fontaines. Il y avait aussi des canaux secondaires qui recueillaient les eaux des sources chaudes, car ces dernières étaient nombreuses autour de la colline. Ainsi la ville, par ce merveilleux système d'irrigation, était alimentée d'eau chaude et d'eau froide. Il était d'ailleurs secondé par la création gigantesque d'un lac artificiel et d'un aqueduc formidable. Dans la crainte que le torrent un jour ne s'épuisât, et en prévision d'une sécheresse momentanée, les Atlantes avaient construit un lac artificiel dans les montagnes de l'Ouest. Ce lac était situé à 2.600 pieds. Il centralisait les eaux de nombreuses sources, de nombreux petits lacs et formait un réservoir formidable. Un aqueduc de section ovale de cinquante pieds sur trente partait de ce réservoir et, traversant des collines, des plaines, des vallées, conduisait les eaux à un lac artificiel et souterrain en forme de cœur, que l'on avait creusé au centre de la colline sur laquelle s'élevait Cerné et au niveau de la mer. De ce réservoir montait un puits taillé dans le roc et haut de 500 pieds, qui débouchait au centre des jardins du palais de l'empereur, tout proche de la source du torrent naturel. L'eau jaillissait avec force de ce puits en vertu de la loi physique des vases communicants, formait un magnifique jet d'eau et se mêlait aux eaux du torrent, se précipitant avec lui en cascade dans les canaux encerclant la ville. Ainsi la crainte d'un tarissement était devenue impossible et la ville pouvait compter sur une éternelle abondance d'eau. Voilà pourquoi toutes ces fontaines, et le surnom de ville des Eaux donné à la Capitale atlante. Peu de peuples modernes ont tenté d'aussi gigantesques travaux hydrauliques. Les ingénieurs atlantes ont égalé les nôtres. Les ingénieurs péruviens ont repris les traditions de leurs ancêtres, en construisant un aqueduc formidable pour alimenter Quito. On peut encore en voir les ruines. Quant aux Égyptiens, fidèles héritiers des traditions hydrauliques de leurs pères, ils ont construit ce fameux lac Moeris, dont la structure fait encore notre admiration. En endiguant le Nil, ils ont su l'empêcher de se perdre dans les marais du Bar-El-Gazhal et, créant après Khartoum les fameuses cataractes, l'ont forcé de suivre la vallée montagneuse où il coule de nos jours afin d'aller déboucher dans la Méditerranée après avoir fertilisé toute une région. De même les Chaldéens Ont continué les travaux des ingénieurs atlantes, en cherchant à faire de Babylone une nouvelle Cerné. Mais ils ne le purent complètement. La géographie physique de leur région leur créa des obstacles insurmontables. Ils ne purent que fertiliser, par des merveilles de canalisation rappelant celles d'Atlantide, une étroite bande de territoire. Les fameux jardins suspendus n'étaient qu'un souvenir de ceux de Cerné, mais un bibelot, un joujou comparé aux autres. Aussi voilà pourquoi tous les peuples issus des Atlantes ont gardé dans leurs traditions le souvenir de jardins merveilleux qu'arrosaient quatre fleuves jaillissant d'une même source. Le jardin des Hespérides, l'Éden, tous les paradis fameux des vieilles religions ayant pour culte la légende historique des Atlantes, ne sont que des souvenirs de la merveilleuse Cerné. Et voilà pourquoi Ram, voulant dans l'Inde évoquer l'Atlantide, s'installa dans une vallée du Tibet, afin d'y fonder sa capitale, à l'origine de quatre fleuves. Lhassa, la ville mystérieuse, est le vestige de cette nouvelle Cerné, et la région où elle est située était appelée le Paradis par les sectateurs de Ram. En Amérique, l'on trouve aussi la tradition du Paradis perdu et des jardins édéniques. Les Incas avaient essayé, eux aussi, de reconstruire les fabuleux jardins. Toute l'antiquité, fille des Atlantes désolée des merveilles englouties au fond de l'Océan, a vécu de l'espoir de pouvoir un jour les faire revivre. C'est pourquoi tous les peuples ont dit qu'ils avaient été chasses du paradis terrestre par le glaive flamboyant d'un Khéroub, symbole du volcan, et que depuis, ils erraient à la surface du monde, à la recherche d'un nouveau paradis, d'une nouvelle terre de prospérité, d'un nouveau Chanaan. Et voilà aussi pourquoi les prêtres ont raconté que seul ici-bas le travail pourrait réparer la faute originelle, restaurer le paradis, les lieux de délices où tout n'était que bonheur. La loi antique du travail avait pour but la reconstitution de l'Atlantide, et c'est, ce qui explique ces travaux gigantesques, cette hantise du grandiose, tous ces géants de pierre qui, ayant vaincu l'emprise des siècles, regardent encore dédaigneusement la petitesse de nos conceptions. Leur paradis n'était point nébuleux comme ceux des métaphysiques. Il reposait sur une réalité engloutie au fond de la mer et il n'y a rien d'étrange à ce que des peuples ayant connu la douceur et la volupté d'une civilisation avancée et se trouvant précipités à la suite d'un effroyable cataclysme sur des terres incultes et arides, parmi des sauvages, aient regardé avec émotion le passé et se soient donné pour mission de l'évoquer dans le futur. Telle est la raison pour laquelle l'avenir était pour eux contenu dans les formules du passé, ou de l'âge d'or !

Cerné était donc divisée en trois zones, que déterminaient des canaux concentriques.

Dans la première s'élevait le palais de l'empereur, magnifique et fortifié. D'immenses jardins publics l'entouraient. On y voyait des arbres fruitiers de toutes sortes avec des fruits monstrueux, des lacs, des ruisseaux, des cascades, des bois, des bosquets, et au centre le jet du torrent s'élançant de terre, l'arbre de vie, comme on l'appelait, voulant par là exprimer cette idée scientifique que, si le rayon solaire est l'âme de la vie, l'eau en est l'aliment principal. La fameuse fontaine de Jouvence est un souvenir de ce torrent qui donnait la prospérité à toute une ville et l'arbre de vie que saluaient les mages assyriens, n'en était que le symbole. Et, disaient-ils, l'eau est ici bas la femme du soleil et leur enfant est la terre. Il y avait dans ces jardins un champ de courses. Le peuple venait se reposer à l'ombre des palmiers et des orangers. Il voyait courir, écoutait la musique des prêtres, respirait l'arôme des fleurs, et c'étaient des danses, des cris de joie, des fêtes où l'on se promenait avec des torches et où l'on suspendait aux arbres des ballons de papier, avec dedans des luminaires. L'usage des ballons transmis aux Japonais par les Atlantes s'est perpétué jusqu'à nos jours. Il y avait aussi dans cette zone les habitations des fonctionnaires et les principaux temples. Et de ci de là, c'étaient des statues, des obélisques, des sphinx, des pyramides pointues ou au sommet formant terrasse, d'où l'œil jouissait de la vue splendide de la ville s'étalant doucement en pente vers le grand océan bleu, avec au loin des rideaux de verdure, que dominait le trident majestueux des hautes montagnes de l'oust, dont la neige étincelait au soleil. Ces pyramides étaient parfois des temples secrets où se réunissaient des initiés, parfois des tombeaux, et parfois aussi, lorsqu'elles se terminaient par une terrasse, des points de vue, et des plateformes où évaluaient, se détachant magnifiquement sur le ciel bleu, nimbes d'azur dorées de soleil, les danseuses sacrées vêtues de blanc ou vêtues de rose, constellées de bijoux d'or. Et c'était une féerie de les voir mimer, ainsi perdues dans le ciel, le grand mystère du soleil à travers la zone zodiacale !...

Dans cette zone se trouvait aussi le palais des étrangers. On y hébergeait, aux frais du gouvernement, tous les étrangers qui désiraient visiter la ville, et cela aussi longtemps qu'ils le voulaient. Ce palais était une merveille. Platon nous conte que l'or, l'argent, l'ivoire, l'aurichalque y avaient été prodigués. On s'y mirait et l'on était ébloui.

Dans les deux autres zones, se trouvaient les maisons ordinaires et les temples. Les plus pauvres habitaient au bord de la mer. C'étaient les pêcheurs. Mais tous étaient propriétaires de leur maison. La pauvreté était chez eux l'absence du superflu. Un pauvre de l'Atlantide serait chez nous un bourgeois aisé. Il y avait des esclaves sans doute, mais ces esclaves étaient bien nourris et bien traités. Ils ignoraient les brutalités assyriennes, les angoisses et les pleurs. Leurs enfants naissaient libres. Ils n'étaient en quelque sorte que des domestiques. Telle était Cerné, la ville des eaux, la ville aux portes d'or qui flamboyait au soleil, immense et magnifique, sous un ciel adorable, avec un climat très doux ! On ignorait la puanteur et les clameurs de nos rues, le confiné de nos maisons de carton. Les avenues étaient larges et ce n'était qu'un immense jardin dans lequel se trouvaient disséminées des maisons. Aussi tout n'était qu'arôme de fleurs, parfums jasminés, murmures de ruisseaux et de cascades, bruits de fêtes, lointains accords de musique. On y respirait largement. On y rêvait délicieusement et les couchers du soleil étaient splendides sur la haute montagne au trident neigeux. Les habitants ignoraient notre pas hâtif et pressé.

Ils allaient nonchalamment dans des voitures tirées par des lions ou des jaguars, ou passaient sur des chevaux richement harnachés, ou sur de monstrueux éléphants. Ou bien, on les voyait dans les airs dans leur machine volante filer en bourdonnant comme de gigantesques insectes.

Cerné avait deux millions d'habitants. Il en partait des routes merveilleuses, très larges, dans toutes les directions. Ces routes traversaient des fleuves, sur des ponts suspendus, car les ponts suspendus sont loin d'être des inventions modernes. Au Pérou, les Incas en avaient construit : on en voit encore les vestiges. Ces routes étaient mesurées. Des bornes indiquaient les distances et il y avait de loin en loin des auberges entretenues par le gouvernement, où le voyageur recevait l'hospitalité.

On pouvait donc voyager commodément en Atlantide. On était sûr de trouver un gîte, un endroit pour se reposer et boire. Ces auberges étaient nombreuses. Il y n'avait environ tous les cinq kilomètres. Le Pérou avait repris cet usage et les Incas, fidèles aux traditions des Atlantes, leur ancêtres, avaient installé sur leurs routes de pareilles auberges. Il y avait aussi une poste très rapide, qui permettait de transmettre des nouvelles d'un coin du pays à un autre. En somme, la civilisation des Atlantes a été merveilleuse. Ils étaient arrivés à un système économique, à une morale et à une religion, qui donnèrent la prospérité à cet immense empire, et les Anciens, reconnaissants de cet héritage moral et scientifique, les avaient salués du surnom de dieux et parlaient de leur temps comme étant l'âge d'or !... Quand les dieux habitaient sur terre... disent toutes les légendes.

Cette civilisation a été supérieure à la nôtre. Supérieure en ce sens qu'elle a développé chez l'individu plus que la nôtre les facultés psychiques. Elle l'a évolué moralement avant d'e l'évoluer matériellement. Pour elle, la base du bonheur ici bas a été la clairvoyance de l'âme et de l'esprit. Et voilà en quoi elle est noble, et pourquoi elle a évité cette crise moderne qui nous paralyse en ce moment. Notre base a été l'évolution matérielle avant l'évolution morale. Ceci est une faute, car l'évolution physique, entraînant des appétits et n'étant point réfrénée par une évolution analogue de l'âme, mène à l'anarchie. Tout le monde a faim de richesses, de jouissances. Tout le monde veut posséder, croyant que le bonheur consiste avant tout dans la satisfaction des sens. Illusion ! Le bonheur est dans l'évolution de la moralité de l'individu, et lorsque les assises morales d'un peuple ne sont point assez fortes pour dominer ses appétits, il marche à la folie, à la ruine, car l'horizon de ses jouissances matérielles recule indéfiniment. Il croit sans cesse tenir l'idéal, tandis que ses mains n'étreignent qu'un spectre. La conséquence en est l'état morbide de notre société, cette vague désespérance qui empoisonne l'âme de tous les jeunes et leur fait paraître la vie une vallée de larmes. Tandis que, lorsque la moralité d'un individu évolue avant le physique, maître de la clairvoyance, il sait s'arrêter dans sa poursuite des jouissances matérielles, se contenter et ne point chercher l'impossible. La civilisation atlante donc était supérieure à la nôtre sous ce rapport-là. Quant au physique, elle semble avoir atteint, le même degré. Elle ne connaissait point sans doute pratiquement la vapeur ; elle a connu des forces analogues que nous ne connaissons point. Une seule invention est réellement moderne : c'est l'Imprimerie.

Sa décadence a été justement causée par le déséquilibre de l'évolution morale et de l'évolution matérielle. La faute en est à trop de science. La conscience de pouvoirs puissants engendre chez l'homme l'orgueil. Cet orgueil le perd, en l'incitant à user de sa science dans un but oppressif et égoïste. Et voilà l'origine de la décadence, le péché originel, la tare de la nature humaine. Aussi voilà pourquoi les héritiers des Atlantes, les sages Égyptiens, dans un but de morale et d'humanité, recueillant les débris de cette science qui, comme Saturne, avait dévoré ses enfants et s'était détruite elle-même, l'ont enfermée dans le secret des pyramides, dans le mystère de leurs sanctuaires, la couvrant du triple voile d'Isis, afin que tels des papillons aventureux, les profanes ne vinssent point s'y brûler les ailes. Voilà l'origine des initiations scientifiques de l'antiquité.

CHAPITRE VI
L'HISTOIRE POLITIQUE

L'Atlantide fut le théâtre d'évènements politiques importants. Ses luttes de parti restèrent dans la mémoire des peuples qui ont survécu à l'engloutissement fatal. On n'a pour cela qu'à consulter les mythologies. Elles retracent les combats des dieux et des héros. L'Olympe n'est autre que l'Atlantide et les merveilleuses histoires que racontaient les Grecs concernant les Dieux, ne sont que des faits de l'histoire atlante, que la magnifique imagination d'Orphée avait enjolivés et poétisés. Atlas, Jupiter, Neptune, Junon étaient en plus du symbole de forces naturelles, des noms de rois et de reines ayant réellement existé dans la terre disparue. On peut dire que les mythologies anciennes ont un triple sens. Un sens philosophique, un sens astrologique, et un sens historique. Ainsi Jupiter, symbole de la puissance et de l'autorité sur le plan philosophique, devient sur le plan astral la force bénéfique d'un astre agissant sur terre dans un sens d'élévation, tandis que, sur le plan historique, le mythe de Jupiter n'est plus que le récit des actions d'un roi puissant, ayant eu à lutter contre de nombreux ennemis et ayant aimé comme nous. La lutte entre les Dieux et les Titans n'est autre que le souvenir des batailles livrées entre les magiciens noirs et les magiciens blancs. En somme, partout où l'on voit dans une religion ancienne évoluer des dieux anthropomorphes, l'on peut dire que ces dieux ne sont autre chose que des rois Atlantes, des héros, des hommes politiques puissants, que le recul des âges a divinisés et que le, respect dû à leur intelligence a fait adorer. Car ces religions, étant toutes à base astronomique, étaient essentiellement métaphysiques et abstraites. Et voilà pourquoi toutes les mythologies sont semblables et content des faits analogues. Grecs, Romains, Égyptiens, Assyriens, Indous, Chinois, Polynésiens, Incas, Aztèques ont laissé les mêmes traditions mythologiques, pour la raison bien simple que ces traditions n'étaient que l'histoire de l'Atlantide disparue. Partout où on lit les

Dieux on peut lire les Atlantes ! comme si plus tard dans nos colonies nos gloires nationales divinisées devenaient l'objet d'un culte spécial. Alors l'on raconterait les exploits du dieu Napoléon... Le culte des ancêtres a été la base de toutes les mythologies.

Donc l'Atlantide a été le théâtre d'une multitude de luttes. Il y a eu des luttes de partis et des luttes de races. D'abord peuplée essentiellement de Rmoahals, l'Atlantide eut un gouvernement militaire pillard et brutal. Le chef militaire était alors tout. Il engagea des guerres contre les Lémuriens abâtardis, puis essaya de résister contre les Toltèques envahisseurs. Mais accablés par le nombre, les Rmoahals émigrèrent, devinrent esclaves, ou bien s'en allèrent vivre parmi les Lémuriens.

Les Toltèques ont été ceux qui ont civilisé l'Atlantide et ont fondé sa puissance mondiale. Leur empire a été formidable et a résisté pendant des siècles aux emprises de la dissolution. D'abord divisés en petits royaumes, les Toltèques fondèrent bientôt une fédération ayant à sa tête un empereur ; Cet empereur était recruté parmi les savants et les adeptes et était un initié transcendantal. Le principe de l'hérédité du pouvoir ne vint se poser qu'à la fin de l'âge d'or. Il y eut alors succession et le fils reçut, avec le pouvoir, l'initiation du père. Ce fut lui son mage et lui seul pouvait lui conférer le grade suprême.

L'empire toltèque connut un véritable âge d'or et jouit d'une civilisation considérable. Cet âge dura cent mille ans. Puis la décadence commença. Les intérêts personnels primèrent les intérêts généraux. Le physique l'emporta sur le moral. Le luxe engendra la soif de l'or. La luxure amena la dégénérescence de l'esprit. Bref, le frein moral ne fonctionna plus et les appétits, n'ayant plus d'obstacles, s'aidèrent de la magie noire pour s'entre-dévorer. Alors le principe karmique se développa dans toute sa fore. Ce fut l'âge de la brute. La débauche trôna en reine et la férocité s'installa au pouvoir. L'anarchie vint semer le désordre dans le gouvernement. Il y eut scission. Les Initiés voulurent lutter contre les magiciens noirs et rétablirent l'ancien régime de la morale. Il y eut deux empereurs : un blanc et un noir, qui se disputèrent Cerné, mais les magiciens noirs eurent le dessus. Ils chassèrent l'empereur blanc de Cerné et l'obligèrent à se réfugier au nord de l'île. Cet empereur blanc, assailli de nouveau, émigra dans les îles puis vint définitivement s'installer en Égypte après le déluge, où il fonda l'empire égyptien, sur les bases de l'ancienne loi.

En somme, le déséquilibre entre l'évolution matérielle et l'évolution morale fut la cause de cette décadence. L'homme, pour conserver ici-bas le bonheur, l'âge d'or en un mot, doit avoir avant tout le souci de conserver la clairvoyance de l'âme et de ne point se laisser entraîner par la poursuite d'illusoires jouissances. L'esprit doit dominer le corps en limiter les appétits, et l'évolution matérielle ne doit être que le corollaire de l'évolution morale.

L'empire toltèque, après la fuite de l'Empereur blanc, se divisa en une multitude de petits royaumes qui se firent la guerre. Les déluges, loin de les calmer, ne firent qu'aviver leurs querelles et, jusqu'aux derniers jours de Poséidonis, ils continuèrent à lutter entre eux, à s'entre-dévorer sur les débris du grand continent englouti.

Les autres races atlantes eurent des formes de gouvernement adéquates à leur nature. Elles restèrent toujours dans l'ombre de la puissance toltèque, tantôt amies, tantôt ennemies. Ces races faisaient partie de la fédération et, tout en reconnaissant l'empereur suprême, elles avaient leurs institutions politiques indépendantes et des gouvernements autonomes. Les Touraniens avaient adopté un système féodal analogue à celui qui florissait chez nous au moyen-âge. Ils étaient turbulents et brutaux, sans cesse en lutte avec les Toltèques et le gouvernement régulier. Ils se massacraient entre eux et avaient des régiments de femmes.

Les Sémites étaient querelleurs et maraudeurs. Ils menaient une vie nomade et erraient à travers l'Atlantide par tribus. Leur gouvernement était patriarcal. Ils ne jouèrent un rôle politique qu'à la décadence de la race Toltèque. Ils s'emparèrent de Cerné, et y installèrent un des leurs comme empereur. Mais ils en furent bientôt chassés.

Les Akkadiens avaient un gouvernement oligarchique. Ils étaient avant tout marins et commerçants. Ils parcouraient le monde et le colonisaient. Ce fut de chez eux que vinrent les grands astrologues, et toutes les grandes inventions maritimes. Quant aux Mongols, ils étaient nomades et à moitié sauvages. Confinés en Asie, ils parcouraient les steppes, ayant un idéal élevé et des aspirations supérieures. Ils ne jouèrent aucun rôle dans l'histoire politique de l'Atlantide, en étant d'ailleurs trop éloignés pour agir.

CHAPITRE VII
LES COLONIES

Les colonies des Atlantes furent nombreuses. On peut dire qu'ils colonisèrent le monde et s'emparèrent des continents à mesure qu'ils s'élevaient au-dessus des eaux.

On retrouve en Europe, en Asie, en Afrique, dans les îles australiennes, en Amérique enfin, des traces de ces colonies.

En Europe, la presqu'île de Scandinavie fut, au temps où elle était séparée du continent, colonisée par des Tlavatlis. Elle était, avant eux, peuplée de Lémuriens, des hommes noirs, venus des continents australiens et qui, avant les Atlantes, avaient erré à travers le monde et en avaient colonisé une grande partie. Ces Lémuriens, dont les plus vilains types polynésiens ne sont que les descendants dégénérés, avaient une intelligence vulgaire et des goûts grossiers. Les Tlavatlis se mêlèrent à ces Lémuriens et formèrent ce que nous appelons la race dravidienne. Tous les types bruns de Scandinavie descendent de ce croisement.

La Bretagne, la Picardie, le Groenland ont été colonisés par la race des Rmoahals. L'homme de Furfooz serait un Rmoahal de la décadence. Sa tête ronde et essentiellement brachycéphale en est le témoignage, car un brachycéphalie était la caractéristique des Rmoahals, comme la dolichocéphalie était celle des Tlavatlis. L'homme de Cro-Magnon est un tlavatli. Cette émigration Rmoahal en Picardie et en Bretagne n'a rien d'étonnant. Le type breton, avec son visage rougeâtre, rappelle étonnamment le type peau-rouge. Et il n'y a point seulement une concordance physique mais aussi une similitude d'usages et de traditions, qui fait que notre Breton n'est que le frère de l'inca. Mais notre type atlante, acclimaté à l'Europe et sous l'influence d'un mélange de Celtes, s'est peu à peu transformé. On ne retrouve le type Rmoahal que chez les Lapons. Ces petits hommes sont les restes de cette grande race abâtardie et dégénérée. En Bretagne d'ailleurs, les monolithes et les fameuses pierres de Karnak ne sont que des vestiges atlantes. Ces pierres servaient au culte du soleil.

Les Basques, les Étrusques sont les descendants des Atlantes sémites. L'Espagne, la Provence et l'Italie avaient été colonisées par eux. Voilà pourquoi les Basques et les Étrusques sont un mystère pour notre science moderne. En effet, leur type rougeâtre rappelle les types américains ; leurs langues, ne se rattachant à aucun rameau ethnographique d'Asie ni d'Europe, semblent venir directement d'Amérique. En effet, l'Euskarien, la langue des Basques, ressemble étonnamment au Maya et ne diffère presque point de l'idiome parlé par les peuplades peaux-rouges du Canada.

L'Angleterre primitive avait été habitée par le Rmoahals, puis, il y a environ cent mille ans, une émigration d'Initiés akkadiens vint s'y installer, chassés par les prêtres maudits de la magie noire. En somme, on peut dire que le type européen, aux yeux noirs, aux cheveux foncés, au teint bistre ou rougeâtre, ou cuivré, est un type atlante, plus ou moins bien conservé, par suite des mélanges avec du sang celte. Corses, Basques, Étrusques, Sardes, Bretons, Scandinaves, Lapons sont les descendants de ce fier peuple atlante qui avait dominé le monde ! Ils sont les fils des dieux. Et voilà pourquoi, en Bretagne, en Picardie, on méprise le type : blond aux yeux bleus, car les Celtes ont été les envahisseurs et les oppresseurs. Et les fiers Atlantes, vaincus à leur tour, soumis aux Celtes, n'ont point encore pardonné cette insulte à leur dignité de maîtres du monde. C'est là l'origine de cette antipathie que certains types bruns affectent envers le type blond, antipathie encore sensible de nos jours en Bretagne, où subsistent des villages atlantes dont les habitants ne se marient qu'entre eux et qui appellent les blonds le fils du diable. Le type chouan est un type atlante presque pur : le Chouan ressemble au Basque, à l'Étrusque et particulièrement à l'Indien. Ce furent les Initiés akkadiens d'Angleterre qui donnèrent aux druides leur science et les disciplinèrent en collèges d'Initiés. La religion des druides vient d'eux. Et voilà la raison de la similitude existant entre la religion des druides et celle des Égyptiens. Toutes les deux sont le produit des conceptions métaphysiques de l'Atlantide, conservées pures par les Initiés.

Les côtes africaines reçurent de nombreuses émigrations atlantes. Les Peules sont les descendants des Tlavatlis mélangés aux Lémuriens. Les Kabyles sont les fils des Atlantes sémites et au Maroc, en Algérie, on retrouve les fils des Atlantes touraniens. Les Arabes sont des produits de Celtes, de noirs et de Sémites atlantes. D'ailleurs, ce type sémite se retrouve en Amérique chez beaucoup d'Indiens. Ils avaient fondé sur la côte africaine de grandes villes. En Tunisie, on en retrouve encore des vestiges, et si l'on opérait des fouilles vers le Sahara, qui était alors une mer, on retrouverait des ruines importantes et monstrueuses de cités atlantes. Les découvertes d'un officier français semblent confirmer que, sur les bords du Sahara, florissait une puissante civilisation préhistorique. En effet, l'Algérie, le Maroc, alors détachés de l'Afrique, formaient une grande île prospère et magnifique. Cette île a été le centre d'une grande civilisation coloniale, par suite de sa proximité avec l'Atlantide. De même, les îles Canaries, les Açores, les îles du Cap Vert ont été colonisées par les Atlantes. Les Guanches en descendent.

Mais la plus belle colonie africaine des Atlantes a été l'Égypte. Elle fut en effet colonisée par les Toltèques, la race atlante la plus intelligente et la plus civilisée. L'histoire de cette colonie est curieuse. Une loge d'Initiés atlantes vint s'y installer, il y a 400.000 ans, chassés de la métropole par suite de la dépravation des mœurs. En effet, la décadence commençait à se faire sentir à cette époque en Atlantide. La magie noire sapait l'empire et fomentait des révoltes. Le trône de l'empereur blanc branlait tandis qu'on lui suscitait un rival, choisi parmi les prêtres du culte maudit.

Cette loge d'Initiés devint bientôt prospère, car tous les Atlantes qui, lassés des mœurs nouvelles, craignaient une catastrophe qu'annonçaient d'ailleurs des prédictions, vinrent peu à peu grossir leurs rangs. Il se forma en Égypte un petit royaume, où l'on appliqua la loi ancienne d'Atlantide. On y établit la morale sur la vieille religion basée sur l'a communauté des biens et la fraternité des hommes. On y bannit la polygamie. On voulut en un mot y perpétuer l'âge d'or. Elle trouva chez les peuplades noires encore à l'état sauvage qui essaimaient des régions tropicales, des serviteurs fidèles et dévoués. Les Initiés développèrent leur intelligence, leur enseignèrent à vivre selon des lois morales. Et peu à peu la colonie devint immense. On fonda des villes, on construisit des temples formidables, on sculpta dans la montagne des sphinx. La grande pyramide de Gizeh fut construite entre 210 et 200.000 ans. Cette pyramide était un temple secret où l'on recevait l'initiation. Le grand sphinx ailé d'Égypte date aussi de cette époque. Mais comme, loin de se remettre, l'état politique de l'Atlantide ne faisait qu'empirer, la colonie égyptienne se sépara il y a 200.000 ans de la métropole et prit le nom d'empire d'Égypte. Alors il y eut des lois en Atlantide pour défendre aux habitants du continent d'émigrer en Égypte. On déclara la guerre à la colonie. Mais celle-ci, forte et puissante, sut résister et conserver son indépendance. Elle devint alors l'asile de tous les gens qui étaient restés d'une morale pure, l'asile des fidèles d'une vieille tradition, le tabernacle enfin où l'on venait recevoir l'initiation des vérités tournées en mépris par les Mages Noirs. Mais à peine venait-elle de se détacher de la Métropole que le cataclysme d'il y a 200.000 ans eut pour résultat de la submerger. La riante colonie disparut sous l'eau. Les Initiés durent se réfugier dans les montagnes d'Abyssinie qui, seules, pointaient au-dessus de la mer. Ils n'en redescendirent que lorsque les eaux se furent complètement retirées de la vallée du Nil. Des émigrations nouvelles vinrent grossir leurs rangs affaiblis, des éléments toltèques et akkadiens : ce dernier sang modifia le type. Alors, on se mit en devoir de reconstruire les cités détruites, les temples ruinés par les eaux, car seuls les sphinx et la pyramide de Gizeh avaient résisté à ce déluge. On fonda un nouvel empire, et les Initiés prirent le nom de deuxième dynastie divine.

Cela dura ainsi jusque vers l'an 80.000. Un nouveau déluge vint encore submerger l'Égypte à cette époque. Mais il fut de courte durée. On redescendit des montagnes et l'on fonda la troisième dynastie divine. Ce fut à ce moment-là que l'Empereur blanc vint se réfugier en Égypte. Le temple de Karnac date aussi de cette période. Un, peu avant l'an 10.000, l'Égypte fut attaquée par les habitants de Poséidonis, qui poursuivaient l'empereur blanc. Il y eut des batailles sanglantes, mais l'Égypte sut les repousser, grâce à l'alliance qu'elle avait conclue avec les autres peuples méditerranéens d'origine atlante ou simplement pélasgique. Les Grecs d'alors, qui étaient des noirs, se battirent courageusement et c'est là l'origine de cette tradition grecque, transmise dans la suite aux émigrations blanches qui ont peuplé la Grèce, que les Grecs avaient, grâce à Minerve, repoussé les Atlantes. On célébrait d'ailleurs à Athènes une fête commémorative de cet évènement. Lorsqu'en l'an 9.564, Poséidonis disparut sous les eaux, il y eut en Égypte un nouveau déloge. Ce fut la fin de la dynastie divine. La loge d'Initiés, accablée par les émigrations noires venant du Centre de l'Afrique, ne voulut point retourner en Égypte après la disparition des eaux. Elle émigra dans l'Inde et se réfugia au Tibet. Alors commença la dynastie humaine, dont les descendants furent les Pharaons, historiques. Mais l'Égypte conserva des loges d'Initiés. Elle redevint florissante, construisit Thèbes, Memphis, endigua le Nil, puis dégénéra, devint la proie de l'empire Éthiopien, reprit son essor sous Ram pour finir historiquement, dégénérée et amoindrie. Les Fellahs sont à l'heure actuelle les descendants des Atlantes. Et voilà comment l'Égypte, héritière des Atlantes, a été le berceau de notre civilisation et nous a conservé, sous le triple voile d'Isis, cette science mystérieuse qu'ils comparaient à une liqueur dont l'usage donnait la mort ou l'éternelle jeunesse ! Ainsi ils symbolisaient la Magie, qui avait donné à l'Atlantide sa grandeur mais qui aussi avait été cause de sa ruine, la magie dont la connaissance enivre l'imprudent et le conduit au crime !

En Asie, l'inde, l'Indochine et la Chine furent des lieux que colonisèrent les Atlantes. Les Rmoahals et les Tlavatlis, occupèrent les Indes. Leurs descendants, croisés de Lémuriens et de nègres, Ont donné le type dravidien qui lui-même, mélangé au sang aryen, a abouti au type indou actuel. Plus tard, il y eut au Tibet une émigration toltèque, composée presque uniquement d'Initiés. Les fameux Ruta des légendes indoues en seraient les descendants. Le centre de l'Asie avait été colonisé par les Touraniens. Ils avaient fondé au bord du désert de Gobi, qui alors était une mer, d'immenses villes dont on vient de retrouver des ruines enfouies sous les sables. Il y eut en Chine une civilisation florissante du temps des Touraniens. Les Toungouses et autres peuplades actuelles de l'Asie centrale sont les fils de ces colons, des fils abâtardis par des mélanges avec du sang mongol et aryen. Quant aux Sémites atlantes, ils avaient fondé d'importantes colonies dans les vallées de l'Euphrate et du Tigre. Les peuples suméro-akkadiens étaient leurs descendants et les mages de Chaldée les revendiquaient comme pères. Quant aux Phéniciens, ils étaient des sangs mêlés de Sémites et de noirs. Le peuple mongol, né en Asie et que l'on rattache aux races Atlantes, occupa la Chine. Les Hongrois ne sont que des mélanges de Mongols et d'Aryens, les Malais des mélanges de Mongols et de Lémuriens. Quant, aux Japonais, ils semblent provenir d'un mélange : de Mongols, de Touraniens et de Toltèques. On retrouve encore du sang tlavatli chez les Siamois et les Birmaniens qui sont des croisés de Mongols, de Tlavatlis et d'Aryens.

L'Amérique a été colonisée une des premières par les Atlantes, et l'on peut dire que les Peaux-Rouges en sont presque tous les descendants dégénérés. Les Patagons sont les restes actuels des Tlavatlis. On retrouve le type sémite chez les naturels de la vallée du Mississipi. Quant aux Mongols, des émigrations importantes par le détroit de Behring ont colonisé le Nord de l'Amérique, à mesure qu'il s'élevait au dessus des eaux. La principale de ces émigrations mongoles fut celle des Kitans. Elle eut lieu il y a 300.000 ans. Ces Mongols se mêlèrent aux Tlavatlis et aux Toltèques et donnèrent ce type peau-rouge à yeux bridés du lac Michigan.

Mais les deux grandes colonies atlantes d'Amérique furent celles du Pérou et du Mexique. La civilisation des Incas fait pendant à celle d'Égypte. Les Incas étaient des Toltèques. Ainsi s'expliquent les grandes ressemblances au point de vue mœurs et art qui existent entre les Péruviens et les Égyptiens. Ces deux peuples sont frères et tous les deux sont les descendants les plus purs et les plus directs des Atlantes. En Amérique, les Incas ne se mariaient qu'entre eux et un fils du soleil ne pouvait accepter l'amour d'une fille des hommes. Cette coutume avait pour raison de perpétuer la race toltèque dans toute sa pureté et de ne point l'abâtardir par des mélanges avec les autres peuples. Aussi la civilisation des Incas est la révélation de celle des Atlantes et la reflète jusque dans ses moindres détails.

Les Toltèques du Mexique ont moins bien conservé que les Incas les caractères physiques et intellectuels de leur race primitive. Cela tient à ce qu'ils ont accueilli une forte immigration aztèque et n'ont pas craint de se croiser avec eux. Cette immigration aztèque eut une influence considérable sur les Toltèques du Mexique Elle en a modifié le types et les mœurs. Puis, il y eut plus tard un apport appréciable de Boréens parmi les Toltèques du Mexique. Ces Boréens venaient du nord de l'Europe, peut-être du pôle Nord. Il y a huit mille ans qu'ils ont commencé à essaimer en Europe et en Asie, laissant sur leur passage des îlots d'hommes à teint blanc, à cheveux blonds, à yeux bleus. Certains groupes de Boréens ont gagné l'Amérique, soit par les terres glacées qui alors reliaient l'Europe à l'Islande et l'Islande au Groenland, soit par le nord de l'Asie et le détroit de Behring, car, dans les îles du Japon, on retrouve en certains endroits des types boréens primitifs. Donc les Boréens, qui sont nos ancêtres, sont aussi les pères de tous les types peau blanche d'Amérique. Ces types ne descendent point des Atlantes, comme on l'a prétendu. L'Atlantide ignorait Borée et pour elle, dont le rouge était la teinte nationale, le type pâle ou blanc était représenté par le jaunes d'Asie et d'Europe. Ce sont d'ailleurs les Boréens qui ont importé au Mexique les rites sanglants des Druidesses et certains idiomes à celtique Les tribus du Dakota, du Mandan, du Zuni, du Menominec, sont filles de Borée. Plus tard, des navigateurs normands ont abordé en Amérique et y sont restés.

Comme on le voit, peu importent les déluges, l'Atlantide a subsisté à travers le monde. Elle y a subsisté par ses colonies, qui ont été les foyers de la civilisation antique. Pieusement, Noirs, Jaunes, Blancs, sont venus successivement écouter les traditions des Rouges qu'enseignaient les enfants de Noé échappés au déluge : les fils de Cham, symbole des Égyptiens, des Peules, des Phéniciens ; les fils de Sem, symbole des Suméro-Akkadiens et des Indous ; les fils de Japhet, symbole des Étrusques et des Basques. Ils sont venus chercher le verbe en Orient, au nœud qui reliait l'Afrique, l'Asie et l'Europe, parce que c'était là, dans les terres saintes d'Égypte et de Palestine, que les hommes rouges avaient jeté les germes des civilisations futures. C'était là qu'avait abordé, disait la tradition, l'Arche de Noé, qui contenait tous les types de la vie, toute la graine du futur. C'était là qu'était apparu Oannès, le dieu poisson qui avait enseigné aux hommes l'art d'écrire et de sculpter dans la pierre les grands taureaux ailés. C'était là que se dressaient les grandes pyramides, le grand sphinx ailé, et le vaste temple de Karnac. Et le sphinx était le symbole de la science atlante, qui avait résisté aux déluges, aux insultes du temps, aux malédictions des hommes, comme lui depuis 200.000 ans résistait aux tempêtes de la mer noyant l'Égypte, aux ouragans de sable du désert, à l'acide des temps, aux coups de pioches des profanes, toujours impassible, ruminant toujours la même pensée !

L'Égypte, fille préférée des Rouges, a été notre initiatrice. Les Grecs sont ses fils, les Hébreux sa propre chair et l'Inde a été le tabernacle où s'est réfugiée son âme, lorsque les envahisseurs noirs ont voulu l'étouffer. C'est d'Égypte que nous sont venus les fleurs du bien et du mal, les arbres de vie, les arbres de science. Elle a nourri Moïse et Orphée. Et ses disciples ont été Ram, Fohi, Krishna, Zoroastre, Platon, Pythagore, Jésus. Tous ont été les Initiés de ses temples, qui contenaient, cachée sous un triple voile, Isis, la vertu, la déesse mystérieuse des Atlantes.

Donc nous vivons sur la tradition des Atlantes. Leurs dogmes sont nos dogmes. Ils ont été la révélation. Notre mythologie raconte leurs exploits, nos religions les vénèrent, car ils ont été les Dieux honorés et maudits, les dieux de chair qui ont appris aux hommes à écrire, à tailler la vigne, à fabriquer le vin doux qui enivre, à dompter le cheval fougueux, à construire des temples, à sculpter des sphinx et à contempler la nuit le ciel étoilé. Ils ont été les anges déchus qu'a tentés le démon de l'orgueil et que les fleurs empoisonnées, les fleurs maudites de la magie noire, ont enivrés de leur voluptueux arôme ! Et ces fleurs perfides les ont fait périr, eux les immortels !

Gardons-nous donc de ces fleurs du mal qu'hélas ils nous ont assez léguées. Elles contiennent parce qu'elles sont entachées d'orgueil ! Déterrons les racines du fameux péché originel qui accable encore de son poids l'humanité et saluons dans les Atlantes, la Révélation.

1900

CHAPITRE VIII
LES SOURCES

IGNATIUS DONNELLY — *Atlantis. The Antediluvian world* (en anglais). (Cet ouvrage représente les déductions modernes basées sur l'observation et l'archéologie).

SCOTT ELLIOT. — *Histoire de l'Atlantide* (anglais) (Cet ouvrage présente la tradition indoue suivant l'école théosophique du groupe A.-P. Sinnett).

NAOAILLAC. — *L'Atlantide.*

NICAISE. — *L'Atlantide.* Brochures françaises à base scientifique moderne.

LE DAIN. — *L'inde antique.* (Cet ouvrage se rattache à l'école théosophique indoue).

PLATON. — *Le Timée. Le Critias.*

FABRE D'OLIVET. — *Histoire philosophique du genre humain.*

FABRE D'OLIVET. — *La langue hébraïque restituée.*

SÉDIR. — *Éléments d'Hébreu.*

PAPUS — *Traité Méthodique de science occulte.*

PAPUS. — *La Kabbale.* Tradition occidentale basée sur l'ésotérisme égyptien.

ST. YVE D'ALVEYDRE. — *La Mission des Juifs.* (Ouvrage base sur la tradition occidentale et sur la tradition indoue autre que celle que représente l'école théosophique).

LES MANOUS ; L'AVADHANA-SASTRA ; LE VEDANGA-SASTRA ; LES POURANAS ; LA BIBLE. Ces livres traduits dans leurs sens ésotérique.

LES LIVRES MAYAS DU YUCATAN (Tradition Américaine).

LORD KINGSBOROUGH. — *Antiquités Mexicaines.*

PRESCOTT. — *La Conquête du Pérou.*

BALDWIN. — *Préhistoric nations.*

WINCHELL. — *Préadamites.*

DE BRÈRE. — *Essai sur le Symbolisme d'Orient.*

BARROIS — *La Dactylogie.* École scientifique indépendante. — Fragments de traduction à contrôler.

TABLE DES MATIÈRES